FE 21世纪高等职业教育财经类规划教材
财务会计类

工业和信息化高职高专“十二五”
规划教材立项项目

会计职业基础实训（第2版）

Training of Accounting Professional Basic (2nd Edition)

◎ 王旗红 贾海峰 主编 ◎ 王辉 主审

人 民 邮 电 出 版 社
北 京

图书在版编目（CIP）数据

会计职业基础实训 / 王旗红，贾海峰主编. -- 2版
. -- 北京 : 人民邮电出版社，2015.9
21世纪高等职业教育财经类规划教材. 财务会计类
ISBN 978-7-115-40185-4

Ⅰ. ①会… Ⅱ. ①王… ②贾… Ⅲ. ①会计学－高等职业教育－教材 Ⅳ. ①F230

中国版本图书馆CIP数据核字(2015)第186871号

内容提要

本书与《会计职业基础（第 2 版）》（书号：978-7-115-36073-1，主编：王辉）配套使用。全书共分 3 个部分：第一部分为实训示范；第二部分将账务处理程序分解，进行单项训练；第三部分为综合模拟实训，以企业经济活动背景为编制基础，模拟了企业 1 个月内的常见会计事项，让学生完成一个完整的账务处理程序训练。

本书既可作为会计、会计电算化、财务管理、审计实务等财会类各专业的教学用书，也可作为零售和会计从业资格培训及其他相关培训的参考书。

◆ 主　　编　王旗红　贾海峰
主　　审　王　辉
责任编辑　李育民
责任印制　张佳莹　杨林杰

◆ 人民邮电出版社出版发行　　北京市丰台区成寿寺路 11 号
邮编　100164　　电子邮件　315@ptpress.com.cn
网址　http://www.ptpress.com.cn
北京艺辉印刷有限公司印刷

◆ 开本：787×1092　1/16
印张：9.5　　2015 年 9 月第 2 版
字数：219 千字　　2015 年 9 月北京第 1 次印刷

定价：24.00 元

读者服务热线：(010)81055256　印装质量热线：(010)81055316
反盗版热线：(010)81055315
广告经营许可证：京崇工商广字第 0021 号

第2版前言

“会计职业基础”是会计类专业的核心课程之一，为了满足高等职业教育的需求，强化学生综合业务素质和实际操作能力的培养，我们编写了这本实训教材。

全书分为3个部分：第一部分实训示范是编者结合自己在教学与实践中的体会，总结出教学经验而进行编写的，旨在示范如何填制凭证、账簿、报表，让初学者对于如何操作有个直观的印象；第二部分对涉及的实训项目进行单项训练，旨在帮助初学者循序渐进地掌握凭证、账簿、报表的编制；第三部分综合模拟实训，编者设计了一个工业企业一个月内完整的经济业务，旨在使初学者系统地掌握凭证、账簿、报表的编制及三者之间的联系。

本书由王旗红、贾海峰担任主编，王辉担任主审。参加编写人员有王旗红（编写项目一、项目二），贾海峰（编写项目三）。

由于编者水平有限，书中疏漏之处在所难免，恳请各位老师和广大读者批评指正。

编　者

2015年6月

目录

目　录

项目一

实训示范

【学习目标】

- 熟悉原始凭证、记账凭证的基本内容、填制方法。
- 熟悉日记账、明细账和总账的基本内容、填制方法。
- 熟悉资产负债表、损益表的基本内容、填制方法。

任务一　原始凭证填制示范

相关知识

一、原始凭证的基本要素

原始凭证的基本要素有以下几个方面。

（1）凭证的名称。

（2）填制原始凭证的日期和凭证编号。

（3）经济业务的内容，如品名、数量、单价和金额大小写。

（4）填制原始凭证的单位名称或填制人姓名。

（5）经办人员的签名或盖章。

（6）接收凭证的单位名称等。

（7）附件。

二、原始凭证的填制

1. 原始凭证填制内容的基本要求

（1）记录真实。原始凭证的填制，要由填制人或经办人根据经济业务的实际执行和完成情况填写，不得伪造、变造。

（2）内容完整。原始凭证中应该填写的项目要逐项填写（接收凭证方应注意逐项验明），不可缺漏。凭证的填制日期及经济业务的内容、数量、金额都必须认真填写，不得遗漏。经办人员及有关单位、人员要签名盖章，做到手续完备。

（3）书写要正确、规范。

① 文字摘要须简练，数量、单价、金额的计算要正确。

② 小写金额用阿拉伯数字逐个书写，不能写连笔字；小写金额数字一律填写到角、分；金额数字无角、无分时，手写“0”或符号“–”，金额数字有角无分时，分位手写“0”，不得用符号“–”；小写金额数字前面应当书写货币币种符号，如人民币符号“￥”，美元符号“$”。币种符号与阿拉伯数字之间不得留有空白。

③ 凡填有大写和小写金额的原始凭证，大写与小写金额必须相符。大写金额数字前未印有货币名称的，应当加填货币名称；印有“人民币”字样的，其字样与大写金额之间不得留有空白。

④ 各种凭证必须连续编号，以便查找。一式两联及以上的原始凭证，应当注明各联的用途和功能。凭证作废时，应当加盖“作废”戳记，连同存根一起保存，不得撕毁。

（4）不得涂改、刮擦、挖补。

2. 原始凭证填制的其他要求

（1）签章。从外单位取得的原始凭证必须盖有填制单位的公章或财务专用章；从单位内部个人取得的原始凭证，必须有填制人员的签名或盖章。另外，自制原始凭证须有经办业务的部门负责人和人员签名盖章或指定人员的签名盖章；对外开出的原始凭证必须加盖本单位公章或财务专用章。

（2）使用统一的凭证格式。不同企业、单位中经常发生的同类经济业务，都由主管部门制定统一的凭证格式。而企业应该按照国家财务制度、政策的有关规定，使用统一的原始凭证。

（3）编制及时。各种原始凭证必须在经济业务发生时及时填写，做到不拖延、不积压，按规定的程序及时送交财务部门，由财务部门加以审核，并据以编制记账凭证。

（4）文件归档。经上级有关部门批准的经济事务，应当将批准文件作为原始凭证的附件。如果批准文件需要单独归档，应当在原始凭证上注明批准机关名称、日期和文件号。

实训示范

一、支票

支票填制要求如下。

（1）中文大写金额数字应用正楷或行书填写。如果金额数字书写中使用繁体字，银行也应受理。

（2）中文大写数字到“元”为止，在“元”之后应写“整”字，在“角”之后可以不写“整”字，大写金额数字有“分”的，“分”后面不写“整”字。

（3）中文大写数字前应标有“人民币”字样，大写金额数字应紧接人民币字样填写，不得留有空白。

（4）阿拉伯小写数字有“0”时，中文大写应按照汉语语言规律、金额数字构成和防止涂改的要求进行填写。

（5）阿拉伯小写金额数字前面，均应填写人民币符号“￥”。阿拉伯小写数字要认真填写，不得连写以免分辨不清。

（6）票据的出票日期必须使用中文大写，使用小写填写的，银行不予受理。

（7）支票审核无误后，需要加盖公司的财务专用章、法人代表个人章。

支票填写实例如图 1-1 所示。

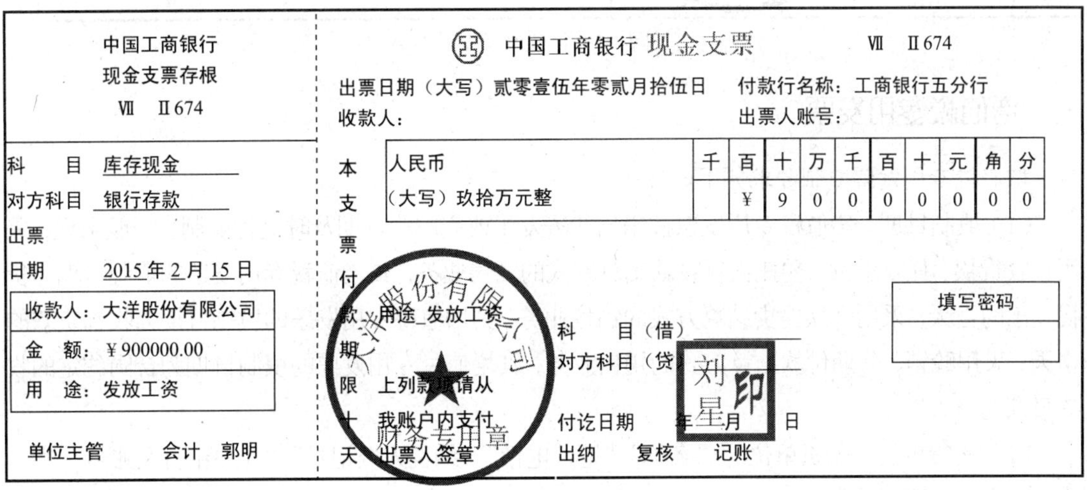

图 1-1　支票填写实例

二、汇票

汇票填制要求如下。

（1）付款人姓名。汇票必须明确记载汇款人姓名，以保证持票人或收款人在汇票到期时可向付款人提示汇票并请求付款，不填写付款人姓名的汇票无效。

（2）确定的金额。没有记载汇票金额的汇票无效。

（3）无条件支付的委托。在汇票的实际使用中，一般以“见票即付”或“于到期日无条件支付”来表示。

（4）出票人的签章。出票人为法人的，要加盖法人公章（或财务专用章）和法定代表人的印章，不加盖签章的汇票无效。

（5）出票日期。不填写出票日期的汇票无效。

（6）收款人姓名。不记载收款人姓名的汇票无效。

汇票填写实例如图 1-2 所示。

<table>
<tr><td colspan="16">商业承兑汇票　1</td></tr>
<tr><td colspan="16">出票日期：贰零壹伍年壹拾贰月零陆日　　汇票号码
（大写）</td></tr>
<tr><td rowspan="3">收款人</td><td>全　称</td><td colspan="2">珠海有限公司</td><td rowspan="3">付款人</td><td>全　称</td><td colspan="10">大洋股份有限公司</td></tr>
<tr><td>账　号</td><td colspan="2">143758862</td><td>账　号</td><td colspan="10">234568912</td></tr>
<tr><td>开户银行</td><td colspan="2">工行泰安支行</td><td>开户银行</td><td>工行宿州路支行</td><td colspan="2">到期日</td><td colspan="7">2015.03.06</td></tr>
<tr><td colspan="2" rowspan="2">出票金额</td><td rowspan="2">人民币
（大写）</td><td rowspan="2" colspan="3">贰拾壹万零陆佰元整</td><td>亿</td><td>千</td><td>百</td><td>十</td><td>万</td><td>千</td><td>百</td><td>十</td><td>元</td><td>角</td><td>元</td></tr>
<tr><td></td><td></td><td>¥</td><td>2</td><td>1</td><td>0</td><td>6</td><td>0</td><td>0</td><td>0</td><td>0</td></tr>
<tr><td colspan="4">大洋股份有限公司 财务专用章
出票人签章</td><td colspan="12">备注：
刘星印</td></tr>
</table>

此联承兑人存查

图 1-2　汇票填写实例

三、增值税专用发票

增值税专用发票填制要求如下。

（1）填制日期。增值税专用发票按销售业务发生或完成的日期及时进行填制。一般来说，采用预收货款、托收承付、委托银行收款结算方式的销售业务，其增值税专用发票的填制日期为货物发出的当天；采用交款提货结算方式的销售业务，其增值税专用发票的填制日期为收到货款的当天；采用赊销、分期付款结算方式的销售业务，其增值税专用发票的填制日期为合同约定的收款日期的当天。

（2）购货单位。购货单位的“名称”“地址电话”“纳税人登记号”“开户银行及账号”栏，应填写全称，不得简写。

（3）销货单位。正确填写销售方名称及相关附件，包括销售方纳税人登记号、地址、电话、开户银行及账号。按有关规定，单位应在税务机关的监督下，在专用发票一至四联的有关销售单位的相关栏目中，加盖专用发票销货单位戳记（使用蓝色印泥）。纳税人开具专用发票不得手工填写“销货单位”栏，凡手工填写“销货单位”栏的，属于未按规定开具专用发票，购货方不得作为扣税凭证。

（4）经济业务的单价、数量、金额和税率。专用发票的“单价”栏，必须填写不含税单价；专用发票的“数量”栏，应填写销售货物或提供应税劳务的数量，要正确填写计量单位；专用发票“金额”栏的数字，应按不含税单价和数量相乘计算填写；专用发票的“税率”栏，应填写销售货物或应税劳务的适用税率。

（5）大小写填制要求。汉字大写数字金额一律用正楷字或者行书体书写，不得用简化字代替，不得任意自造简化字。大写金额数字前未印有货币名称的，应当加填货币名称，货币名称与金额数字之间不得留有空白。小写数字前用“¥”符号封口，所有以“元”为单位的阿拉伯数字，一律填写到角、分；无角无分的，角位和分位可写“00”，或符号“–”；有角无分的，分位应当写“0”，不得用符号“–”代替。

（6）有关签名和盖章。发票联和抵扣联加盖销售单位发票专用章；收款人员应签名、盖章。

增值税专用发票填写实例如图 1-3 所示。

22400035632　　**山东省增值税专用发票**　　№ 459014

（全国统一发票监制章　山东　国家税务总局监制）

发票联

开票日期: 2015年07月05日①

税总函〔2015〕7号中钞光华印制有限公司

购货单位②	名　　称: 大洋股份有限公司 纳税人识别号: 510103336512488 地 址、电 话: 蒙城北路122号2672618 开户行及账号: 工行宿州路支行234568912	密码区	略

货物或应税劳务名称	规格型号	单位	数量	单价	金额	税率	税额
A材料		千克	50000④	5.00	250000.00	17%	42500.00
合　计					¥250000.00		¥42500.00
价税合计（大写）	贰拾玖万贰仟伍佰元整⑤				（小写）¥292500.00		

销货单位③	名　　称: 珠海有限公司 纳税人识别号: 534776690712388 地 址、电 话: 荷花路326号41143303 开户行及账号: 工行南山路支行142458963	备注	⑥

（珠海有限公司　534776690712388　发票专用章）

第二联：发票联　购货方记账凭证

收款人:　　复核:　　开票人:　　销货单位:（章）

图 1-3　增值税专用发票填写实例

四、收料单

收料单属单位自制原始凭证，其格式和内容可根据单位的需要自行确定，只要具备原始凭证应具备的基本要素即可。一般来说，收料单填写应包括以下内容。

（1）日期。应在材料验收入库的当天开具收料单。

（2）应填写材料品名规格、项次、编号等有关材料的具体内容。

（3）单价。填写验收入库材料的单位成本，采用计划成本法核算的应填写材料的计划成本单价。

（4）签名、盖章。应由材料的采购供应方及验收入库方在收料单上签字或盖章，包括材料的点收人员、检验人员、经办部门的主管、经办人员等。

（5）正确填写大、小写金额。收料单要用蓝色或黑色钢笔或碳素笔填写，不得使用铅笔及圆珠笔。

收料单填写实例如图 1-4 所示。

收 料 单

发票号数 634902　　2015 年 12 月 2 日　　编号：20151201001

名称及规格	单位	数量	计划单价	金额			交财务部门记账
				计划	实际	差异	
原材料——甲材料	千克	20 000	5.00	100 000.00	120 000.00	20 000.00	
合 计							

财务主管：刘达　记账：王蒙　保管部门主管：李娜　验收：王灵　制单：王蒙

图 1-4　收料单填写实例

五、领料单

领料单属单位自制原始凭证，其格式和内容可根据单位的需要自行确定，只要具备原始凭证应具备的基本要素即可。一般来说，领料单填写应包含以下内容。

（1）日期。

（2）领料单要“一料一单”地填制，即一种原材料填写一张单据，一般一式四联。

（3）应填写请领材料的名称、计量单位、请领数量、单位成本等有关材料的具体内容。

（4）签名、盖章。领料单由车间经办人员填制，车间负责人、领料人、仓库管理员和发料人均须在领料单上签字，无签章或签章不全的领料单均无效，不能作为记账的依据。

领料单填写实例如图 1-5 所示。

领 料 单

凭证编号：

用途：A 产品　　2015 年 12 月 1 日　　发料仓库：

材料编号	材料名称	规格	计量单位	数量		单位成本	金额	备注	会计记账留存
				请领	实发				
	包装带		卷		500	8.00			
	包装箱		个		4 000	0.07			
	劳保用品		套		220	30.00			

发料人：王亚东　　领料单位负责人：王磊　　领料人：刘塔

图 1-5　领料单填写实例

六、限额领料单

限额领料单填制要求如下。

（1）限额领料单一般“一料一单”，一式两联。使用有效期一般在一个月以内。

（2）限额领料单直到限额用完，才完成全部填制手续。

（3）领料时，在该单内注明请领数量，经负责人签章批准后，方可持往仓库领料。

（4）仓库发料时，根据材料的品名、规格在限额内发料，同时将实发数量及限额结余数填写在限额领料单内，并由领、发料双方在单内签章。

（5）月末，在此单内结出实发数量和金额转交财会部门。

限额领料单填写实例如图 1-6 所示。

限额领料单

领料单位：一车间　　　　　　发料仓库：二号库
用途：生产产品 A　　　　　　材料名称：轴承
领用定额：100 千克　　　　　材料单价：8.00

日期	请领数量	实发数量	领料人签章	发料人签章	限额结余
10.5	30	30	刘建	章蕾	70
10.11	15	15	刘建	章蕾	55
10.22	45	45	刘建	章蕾	10
10.28	20	10	刘建	章蕾	0
合　计	110	100			

图 1-6　限额领料单填写实例

七、进账单

进账单填制要求如下。

（1）持票人填写银行进账单时，必须清楚地填写票据种类、票据张数、收款人名称、收款人开户银行及账号、付款人名称、付款人开户银行及账号、票据金额等栏目，并连同相关票据一并交给银行经办人员。

（2）进账单上填列的收款人名称、账号、金额、内容均不得更改，其他项目内容应根据所附支票的相关内容据实填列。

（3）进账单与支票配套使用，可以一张支票填制一份进账单，也可以多张支票（不超过 4 笔）汇总金额后填制一份进账单，即允许办理一收多付（一贷多借）。

进账单填写实例如图 1-7 所示。

中国工商银行　进账单（回单）

2015 年 12 月 4 日　　第 25 号

<table>
<tr><td rowspan="3">出票人</td><td>全　称</td><td>天都有限责任公司</td><td rowspan="3">收款人</td><td>全　称</td><td colspan="11">大洋股份有限责任公司</td></tr>
<tr><td>账　号</td><td>20100696</td><td>账　号</td><td colspan="11">21123778</td></tr>
<tr><td>开户银行</td><td>工商银行顺义支行</td><td>开户银行</td><td colspan="11">工商银行五分行</td></tr>
<tr><td rowspan="2">金额</td><td colspan="4" rowspan="2">人民币（大写）：叁仟元整</td><td>亿</td><td>千</td><td>百</td><td>十</td><td>万</td><td>千</td><td>百</td><td>十</td><td>元</td><td>角</td><td>分</td></tr>
<tr><td></td><td></td><td></td><td></td><td>¥</td><td>3</td><td>0</td><td>0</td><td>0</td><td>0</td><td>0</td></tr>
<tr><td>票据种类</td><td>转账支票</td><td>票据张数</td><td>1</td><td colspan="12" rowspan="3">中国工商银行顺义支行
2015.12.4
转讫
收款人开户银行盖章</td></tr>
<tr><td>票据号码</td><td colspan="3"></td></tr>
<tr><td colspan="4">复核　　　　记账</td></tr>
</table>

单位主管　　　　会计　　　　复核　　　　记账

图 1-7　进账单填写实例

任务二 记账凭证填制示范

相关知识

一、记账凭证的基本要素

（1）记账凭证的日期。

（2）记账凭证的名称。

（3）经济业务的内容摘要。

（4）账户（包括一级、二级和明细账户）名称、记账方向和金额。

（5）记账凭证的编号。

（6）所附原始凭证张数和其他有关资料。

（7）填制人员、审核人员、记账人员、会计主管人员签名或盖章。另外，收款凭证和付款凭证还要有出纳人员的签名或盖章。

以收款凭证为例，记账凭证应包含的基本要素如图1-8所示。

收款凭证②

应借科目：银行存款　　2015年10月12日①　　第103号⑤

摘　要	贷方科目		金　额										✓
	总账科目	明细科目	千	百	十	万	千	百	十	元	角	分	
收回货款③	应收账款④	胜利公司		2	0	0	0	0	0	0	0	0	✓
合　计			¥	2	0	0	0	0	0	0	0	0	

附件2张⑥

会计主管：刘达 ⑦　　记账：张扬　　复核：王蒙　　出纳：郭明　　制证：张扬

图1-8 收款凭证填写实例

二、记账凭证的填制

记账凭证填制时除了要求格式统一、内容完整、科目运用正确、对应关系清晰、摘要简练、书写清晰工整外，还必须遵守下列规范。

1. 填制依据

会计人员必须根据审核无误的原始凭证填制记账凭证。记账凭证可以根据一张原始凭证或者若干张原始凭证汇总填制。但是，不同经济内容、类别的原始凭证不得填在一张记账凭证上，以免造成混乱。

2. 记账凭证的种类

会计人员应选择正确的记账凭证种类。例如，采用专用记账凭证的单位，应根据经济业务的内容，正确选用收款凭证、付款凭证或转账凭证予以填制。

3. 日期

（1）库存现金收款、付款记账凭证，应填写库存现金收款、付款当日的日期。

（2）银行存款收款业务，应填写收到银行进账单或银行回执戳记日期。当实际收到进账单的日期与银行戳记日期相隔较远，或次月收到上月银行收付款凭证时，可按财会人员实际办理转账业务的日期填写。

（3）银行存款付款业务，一般以开出银行付款凭证的日期或承付的日期填写；月末计提和分配费用等转账业务，应当填写当月最后一天的日期。

4. 摘要

摘要的填写必须简明、正确，不可漏填或错填，既要防止简而不明，也要防止过于烦琐。

5. 编号

记账凭证的编号方法有统一编号法、三分编号法、五分编号法和分数编号法 4 种，企业可根据所选记账凭证的格式正确选用。企业无论选用哪种方法，每月均从第 1 号起规范编号，在 1 个月内连续编号，不得跳号和重号。记账凭证的编号方法如表 1-1 所示。

表 1-1　记账凭证编号方法

分　类	方　法
统一编号法	将所有的记账凭证不分业务内容顺序编号
三分编号法	按照收款、付款、转账业务分别顺序编号，如收字 01 号、付字 01 号、转字 01 号等
五分编号法	按照库存现金收款、库存现金付款、银行存款收款、银行存款付款、转账业务分别顺序编号，如现收字 01 号、银收字 01 号、现付字 01 号、银付字 01 号、转字 01 号等
分数编号法	如果一笔经济业务需要填制一张以上记账凭证时，记账凭证的编号采用分数连续编号，如“转字 $12^{1/2}$”“转字 $12^{2/2}$”，表明该笔业务有两张记账凭证，“转字 $12^{1/2}$”是其中的第一张，“转字 $12^{2/2}$”是其中的第二张

6. 文字、金额

记账凭证文字应按行次逐项填写，不得跳行；所填金额应与所附原始凭证的金额相符。如果在合计数与最后一笔数字之间有空行时，应在金额栏画斜线注销。

7. 附件

除填制更正错账、结账的记账凭证外，其余所有记账凭证都必须附有原始凭证或原始凭证汇总表作为附件。附件面积大于记账凭证的部分要按记账凭证的面积折叠整齐，以便保管。如果一张原始凭证涉及几张记账凭证，则可以把原始凭证附在一张主要的记账凭证后面，并在其他记账凭证上注明附有该原始凭证的记账凭证的编号，或者附上原始凭证复印件。

8. 签章

记账凭证填写完毕后，应进行复核和检查。制单、审核、出纳、记账、复核、会计主管等相关人员应签名或盖章。

实训示范

一、收款凭证

收款凭证应根据库存现金和银行存款收入业务的原始凭证填制。收款凭证的借方科目只有“库存现金”和“银行存款”，因而在凭证格式设置上，将借方科目设在左上方。收款记账凭证应分别按“库存现金”“银行存款”科目，以及经济业务顺序和编号方法分月连续编号，如“银收字第 1 号”或“收字第 1 号”；收款凭证的贷方科目应填写在凭证对应的表格中。“记账符号”栏应注明记入分类账或日记账的页码，或以“√”代替，表示某个科目金额已登记入账。

大洋股份有限公司于 2015 年 10 月 12 日收到胜利公司付来的销货款 200 万元，根据以上告知的方法，填列完整的收款凭证实例如图 1-9 所示。

收款凭证

应借科目：银行存款　　2015 年 10 月 12 日　　第 103 号

摘　要	贷方科目		金　额										√
	总账科目	明细科目	千	百	十	万	千	百	十	元	角	分	
收回货款	应收账款	胜利公司		2	0	0	0	0	0	0	0	0	√
合　计			¥	2	0	0	0	0	0	0	0	0	

附件 2 张

会计主管：刘达　　记账：张扬　　复核：王蒙　　出纳：郭明　　制证：张扬

图 1-9　收款凭证填制实例

二、付款凭证

付款凭证应根据库存现金和银行存款付款业务的原始凭证填制。库存现金和银行存款相互划转的业务，只填制付款凭证。付款凭证的贷方科目只有库存现金和银行存款，因而在凭证格式设置上，将贷方科目设在左上方。付款记账凭证应分别按“库存现金、银行存款”科目，以及经济业务顺序和编号方法分月连续编号，如“银付字第 1 号”或“付字第 1 号”；付款凭证的借方科目应填写在凭证对应的表格中。“记账符号”栏应注明记入分类账或日记账的页码，或以“√”代替，表示某个科目金额已登记入账。

大洋股份有限公司于 2015 年 10 月 12 日付东风公司购货款 234 000 元，根据以上告知的方法，填列完整的付款凭证如图 1-10 所示。

付款凭证

应贷科目：银行存款　　　　2015 年 10 月 12 日　　　　第 130 号

摘　要	借方科目		金　额										✓
	总账科目	明细科目	千	百	十	万	千	百	十	元	角	分	
付款	应付账款	东风公司			2	3	4	0	0	0	0	0	✓
合　计				¥	2	3	4	0	0	0	0	0	

附件 3 张

会计主管：刘达　　记账：张扬　　复核：王蒙　　出纳：郭明　　制证：张扬

图 1-10　付款凭证填制实例

三、转账凭证

转账凭证应根据有关转账业务的原始凭证填制。转账凭证将经济业务所涉及的会计科目全部填列在凭证内，“会计科目”栏应分别填写应借、应贷的一级科目和二级明细科目的名称，借方科目在先，贷方科目在后。相应的“金额”栏内填列应借科目的“借方金额”和应贷科目的“贷方金额”。“借方金额”合计数与“贷方金额”合计数相等。

大洋股份有限公司于 2015 年 10 月 30 日计提银行借款利息 3 000 元，根据以上所述的方法，填列完整的转款凭证如图 1-11 所示。

转账凭证

2015 年 10 月 30 日　　　　转字第 126 号

摘　要	会计科目		借方金额										贷方金额										记账
	总账科目	明细科目	千	百	十	万	千	百	十	元	角	分	千	百	十	万	千	百	十	元	角	分	
计提利息	财务费用	利息					3	0	0	0	0	0											√
	应付利息																3	0	0	0	0	0	√
合　计						¥	3	0	0	0	0	0				¥	3	0	0	0	0	0	

附件 1 张

会计主管：刘星　　记账：张扬　　审核：王蒙　　制证：张扬

图 1-11　转账凭证填制实例

任务三　账簿填制示范

相关知识

一、账簿的基本要素

（1）封面。封面用于载明账簿的名称，如库存现金日记账、明细账等。

（2）扉页。扉页用于载明经管人员的一览表，填列内容主要有经管人员、移交人、移交日期、接管人和接管日期。

（3）账页。账页用于记录具体经济业务的载体，其格式因记录经济业务内容的不同而有所不同，但每张账页上应载明的主要内容有：账户的名称（即会计科目），记账日期栏，记账凭证种类和号数栏，摘要栏（经济业务内容的简要说明），借方、贷方金额及余额的方向、金额栏，总页次和分页次栏等。

二、会计账簿启用规则

（1）启用账簿时，应写明账簿名称和记账单位名称。

（2）应在账簿扉页上填写账簿启用和经管人员一览表。

（3）订本式账簿应按自第一页到最后一页编页号，不得跳页、缺页；使用活页式账簿，应按账页顺序编号，并定期装订成册。

三、会计账簿的基本记账规则

（1）人员应当根据审核无误的会计凭证登记会计账簿。登记会计账簿时，应当将会计凭证日期、编号、业务内容摘要、金额和其他有关资料逐项记入账内，做到数字准确、摘要清楚、登记及时、字迹工整。账簿记录中的日期，应该填写记账凭证上的日期。

（2）账簿登记完毕后，要在记账凭证上签名或者盖章，并在记账凭证的“过账”栏内注或画“√”，表示已经记账完毕，避免重记、漏记。

（3）账簿中书写的文字和数字上面要留有适当的空格，不要写满格，一般应占格距的 1/2，以方便更正，同时也方便查账工作的进行。

（4）为了保持账簿记录的持久性，防止涂改，登记账簿必须使用蓝黑墨水或碳素墨水笔书写，不得使用圆珠笔（银行的复写账簿除外）或者铅笔书写。

（5）红色墨水只有在结账画线、改错和冲账时使用。

（6）在登记各种账簿时，应按页次顺序连续登记，不得隔页、跳行。如无意发生隔页、跳行现象，应在空页、空行处用红色墨水画对角线注销，或者注明“此页空白”或“此行空白”字样，并由记账人员签名或者盖章。

（7）凡需要结出余额的账户，结出余额后，应当在“借或贷”栏内注明“借”或“贷”字样，以示余额的方向；对于没有余额的账户，应在“借或贷”栏内写“平”字，并在“余额”栏用“0”表示。现金日记账和银行存款日记账必须逐日结出余额。

（8）每一账页登记完毕结转下页时，应当结出本页合计数及余额，写在本页最后一行和下页第一行有关栏内，并在摘要栏内注明“过次页”和“承前页”字样，也可以将本页合计数及金额只写在下页第一行有关栏内，并在摘要栏内注明“承前页”字样，以保持账簿记录的连续性，便于对账和结账。

实训示范

一、日记账

1. 库存现金日记账

库存现金日记账的填制程序及其填制实例分别如图 1-12 和表 1-2 所示。

根据与现金实际收、付日期一致的记账凭证的日期填写“日期”栏

⇩

根据记账凭证的种类和编号登记“凭证”栏

⇩

根据经济业务的内容填写“摘要”栏，说明文字应简明扼要

⇩

根据与“库存现金”账户发生对应关系的账户的名称填写“对方科目”栏

⇩

根据每笔业务的库存现金实际收、付款金额填写“收入”栏、“支出”栏

⇩

每日终了，结出库存现金日记账余额，俗称“日清”

⇩

月终，计算库存现金收、付款本月合计数和月末结存数，即为“月结”

图 1-12　库存现金日记账填制程序

表 1-2　　库存现金日记账填制实例

库存现金日记账

2015 年		凭证		摘要	对方科目	借方	贷方	余额
月	日	种类	编号					
3	1			月初结余				3 000.00
3	2	现付	001	购办公用品	管理费用		500.00	2 500.00
	2	银付	001	提备用金	银行存款	5 000.00		7 500.00
	2	现付	002	职工预借差旅费	其他应收款		1 000.00	6 500.00
	2	现付	003	零星购料运费	材料采购		200.00	6 300.00
				本日合计		5 000.00①	1 700.00②	6 300.00③
				其他日期记录略				
3	31			本月合计		153 800.00	154 600.00	2 200.00

注：①为本日借方发生额的合计数。

②为本日贷方发生额的合计数，即：500+1 000+200=1 700。

③为本日余额，这个余额不是从上一行直接抄下来的，而是由期初余额 3 000 加上本日借方发生额合计数 5 000 再减去本日贷方发生额合计数 1 700 得来的。目的是与上一行计算出来的余额进行核对，两者若一致，则说明前面的库存现金日记账没有出现计算上的错误。

2. 银行存款日记账

银行存款日记账的填制程序及其填制实例分别如图 1-13 和表 1-3 所示。

根据与银行存款实际收、付日期一致的记账凭证的日期填写“日期”栏

↓

根据记账凭证的种类和编号登记“凭证”栏

↓

根据经济业务的内容填写“摘要”栏，说明文字应简明扼要

↓

根据与“银行存款”账户发生对应关系的账户的名称填写“对方科目”栏

↓

根据每笔业务的银行存款实际收、付款的金额填写“收入”栏、“支出”栏

↓

每日终了，结出银行存款日记账余额，俗称“日清”

↓

月终，计算银行存款收、付款的本月合计数和月末结存数，即为“月结”

图 1-13 银行存款日记账填制程序

表 1-3 银行存款日记账填制实例

银行存款日记账

2015 年		凭证		摘要	对方科目	借方	贷方	余额
月	日	种类	编号					
5	1			月初结余				262 000.00
5	2	银付	001	支付购料款	材料采购		117 000.00	145 000.00
	2	银收	001	预收销货款	预收账款	200 000.00		345 000.00
	2	银付	002	支付罚款	营业外支出		5 000.00	340 000.00
	2	银付	003	广告费	销售费用		40 000.00	300 000.00
				本日合计		200 000.00①	162 000.00②	300 000.00③
				其他日期记录略				
3	31			本月合计		893 270.00	687 430.00	467 840.00

注：①为本日借方发生额的合计数。

②为本日贷方发生额的合计数，即：117 000+5 000+40 000=162 000。

③为本日余额，这个余额不是从上一行直接抄下来的，而是由期初余额 262 000 加上本日借方发生额合计数 200 000 再减去本日贷方发生额合计数 162 000 得出来的。目的是与上一行计算出来的余额进行核对，两者若一致，则说明前面的银行存款日记账没有出现计算上的错误。

二、明细账的登记

1. 三栏式明细账的登记

三栏式明细账的填制程序及其填制实例分别如图 1-14 和表 1-4 所示。

根据与该账户有关记账凭证的日期填写“日期”栏

↓

根据记账凭证的种类和编号登记“凭证”栏

↓

根据经济业务的内容填写“摘要”栏，说明文字应简明扼要

↓

根据每笔业务与该账户有关的实际收、付金额填写“借方”栏、“贷方”栏

↓

月终，计算该账户的本月合计数和月末结存数

图 1-14 三栏式明细账填制程序

表 1-4 三栏式明细账填制实例

应收账款

总第 页 分第 页

二级科目编号及名称 宏发公司

级科目编号及名称

2015年		凭证		摘要	借方	贷方	借或贷	余额
月	日	种类	号数					
3	1			期初余额			借	230 000.00
3	2	转	001	赊销	234 000.00		借	464 000.00
	6	转	002	收回货款		70 200.00	借	393 800.00
	7	转	003	收回货款		3 800.00	借	390 000.00
	8	转	004	赊销	351 000.00		借	741 000.00
				其他日期记录略				
3	31			本月合计	1 283 000.00	893 000.00	借	620 000.00

2. 多栏式明细账的登记

多栏式明细账的填制程序及其填制实例分别如图 1-15 和表 1-5 所示。

根据与该账户有关记账凭证的日期填写“日期”栏

↓

根据记账凭证的种类和编号登记“凭证”栏

↓

根据经济业务的内容填写“摘要”栏，说明文字应简明扼要

↓

根据每笔业务与该账户有关的实际金额填写“借方”栏或“贷方”栏

↓

月终，将该账户的余额转至生产成本或本年利润

图1-15　多栏式明细账填制程序

表1-5　　多栏式明细账填制实例

管理费用明细账

总页第　　页

分页第　　页

2015年		凭证		摘要	合计							
月	日	种类	编号			水电费	报刊费	工资	印花税	摊销	折旧费	保险费
3	2	转	003	水电费	3 000	3 000						
	5	转	010	印花税	1 000				1 000			
	10	转	015	专利权销	1 500					15 00		
	12	转	027	保险费	3 000							3 000
	15	转	039	报刊费	1 200		1 200					
	31	转	048	计提工资	8 000			8 000				
	31	转	098	计提折旧	2 000						2 000	

3. 数量金额式明细账的登记

数量金额式明细账的填制程序及其填制实例分别如图1-16和表1-6所示。

根据与该账户有关记账凭证的日期填写“日期”栏

↓

根据记账凭证的种类和编号登记“凭证”栏

↓

根据经济业务的内容填写“摘要”栏，说明文字应简明扼要

↓

根据存货所选取的计价方法填写“收入”栏、“发出”栏

↓

月终，计算该账户的本月合计数和月末结存数

图1-16　数量金额式明细账填制程序

表 1-6 数量金额式明细账填制实例

原材料明细账

编号： 类别：甲材料 规格： 单位：千克 存放地点： 计划单价：4.00

2015年		凭证		摘要	收入			发出			结存		
月	日	种类	编号		数量	单价	金额	数量	单价	金额	数量	单价	金额
3	1			期初余额							5 000	4	20 000
3	3	转	022	材料入库	30 000	4	120 000				35 000	4	140 000
	8	转	068	材料入库	6 000	4	24 000				41 000	4	164 000
	10	转	078	领料				20 000	4	80 000	21 000	4	84 000
				其他日期记录略									
3	31			本月合计	90 000	4	360 000	80 000	4	320 000	15 000	4	60 000

注：该任务中，原材料采用的是计划成本法，故每笔收入或支出都可随手写单价。若存货采用的是实际成本法，则不需要每笔都写金额，也没法写，除非采用移动加权平均法，但那样就太麻烦了。遇到这种情况，平时可不写单价，在月末采用一次加权平均法计算存货单价。

三、总账的登记

总账的登记程序取决于企业所采用的会计核算组织形式。总账可根据记账凭证逐日逐笔登记；也可将记账凭证汇总编制成“汇总记账凭证”或“科目汇总表”，再据以登记总账。因本教材规定后面的实训采用科目汇总表账务处理程序，故此处只介绍采用科目汇总表登记总账的方法。科目汇总表登记方法、科目汇总表填制实例、总账登记方法和总账登记实例分别如图 1-17、表 1-7、图 1-18 和表 1-8 所示。

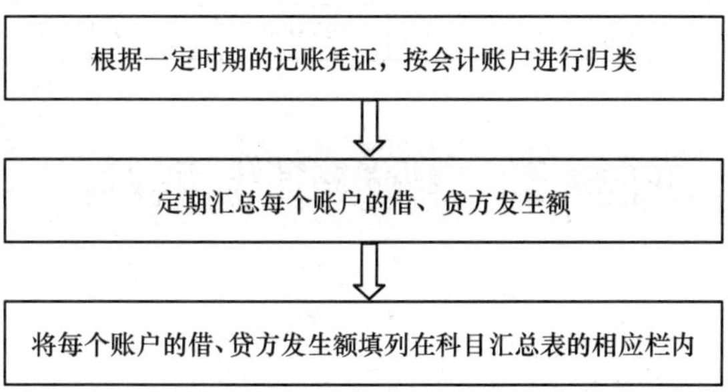

图 1-17 科目汇总表登记方法

表 1-7 科目汇总表填制实例

科目汇总表

会计科目	本期发生额	
	借方金额	贷方金额
库存现金	3 000.00	1 000.00
银行存款	234 000.00	5 500.00
应收账款	198 000.00	432 000.00
其他应收款	1 000.00	0.00
应付利息	0.00	300.00
管理费用	2 500.00	0.00
财务费用	300.00	0.00
合计	438 800.00	438 800.00

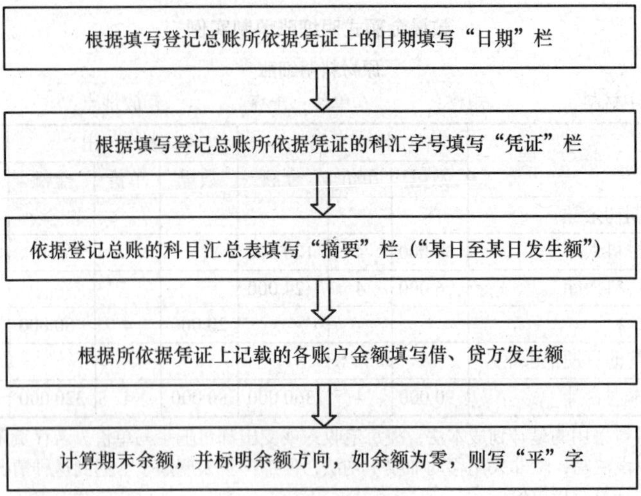

图 1-18　总账登记方法

表 1-8　　总账登记实例

总分类账

账户名称：应收账款

2015 年		凭　证		摘　要	借　方	贷　方	借或贷	金　额
月	日	种类	编号					
3	1			期初余额			借	630 000.00
	31	科汇	1	1～31 日发生额	198 000.00	432 000.00	借	396 000.00
3	31			本月合计	198 000.00	432 000.00	借	396 000.00

任务四　报表填制示范

相关知识

一、资产负债表

资产负债表样表，如表 1-9 所示。

表 1-9　　资产负债表样表

资产负债表

会企 01 表

编制单位：　　　　年　月　日　　　　单位：元

资　产	期末余额	年初余额	负债和所有者权益	期末余额	年初余额
流动资产：			流动负债：		
货币资金			短期借款		
以公允价值计量且其变动计入当期损益的金融资产			以公允价值计量且其变动计入当期损益的金融负债		

续表

资　　产	期末余额	年初余额	负债和所有者权益	期末余额	年初余额
应收票据			应付票据		
应收账款			应付账款		
预付账款			预收账款		
应收利息			应付职工薪酬		
应收股利			应交税费		
其他应收款			应付利息		
存货			应付股利		
一年内到期的非流动资产			其他应付款		
其他流动资产			一年内到期的非流动负债		
流动资产合计			其他流动负债		
非流动资产：			**流动负债合计**		
可供出售金融资产			**非流动负债：**		
持有至到期投资			长期借款		
长期应收款			应付债券		
长期股权投资			长期应付款		
投资性房地产			专项应付款		
固定资产			预计负债		
在建工程			递延所得税负债		
工程物资			其他非流动负债		
固定资产清理			**非流动负债合计**		
生产性生物资产			**负债合计**		
油气资产			**所有者权益：**		
无形资产			实收资本		
开发支出			资本公积		
商誉			减：库存股		
长期待摊费用			其他综合收益		
递延所得税资产			盈余公积		
其他非流动资产			**未分配利润**		
非流动资产合计			**所有者权益合计**		
资产总计			**负债和所有者权益合计**		

1. 资产负债表资产类主要项目填列方法

（1）货币资金期末余额=库存现金期末余额+银行存款期末余额+其他货币资金期末余额。

（2）以公允计值计量且其变动计入当期损益的金融资产期末余额：根据交易性金融资产总账期末余额直接填列。

（3）应收票据期末余额=应收票据总账期末余额-应收票据提取的坏账准备期末余额。

（4）应收账款期末余额=应收账款总账期末余额-应收账款提取的坏账准备期末余额+预收账

款总账期末借方余额。

（5）预付账款期末余额=预付账款期末借方余额+应付账款总账期末借方余额-预付账款提取的坏账准备期末余额。

（6）应收利息期末余额=应收利息总账期末余额-应收利息提取的坏账准备期末余额。

（7）应收股利期末余额=应收股利总账期末余额-应收股利提取的坏账准备期末余额。

（8）其他应收款期末余额=其他应收款总账期末余额-其他应收款提取的坏账准备期末余额。

（9）存货期末余额=原材料总账期末余额+库存商品总账期末余额+生产成本总账期末余额+周转材料总账期末余额+材料成本差异总账期末余额+材料采购总账期末余额+委托加工物资总账期末余额+委托代销商品总账期末余额+发出商品总账期末余额+受托代销商品总账期末余额-存货跌价准备总账期末余额。

（10）可供出售金融资产期末余额=可供出售金融资产总账期末余额-可供出售金融资产减值准备总账期末余额。

（11）持有至到期投资期末余额=持有至到期投资总账期末余额-持有至到期投资减值准备总账期末余额。

（12）长期应收款期末余额=长期应收款总账期末余额-未实现融资收益总账期末余额-长期应收款提取的坏账准备期末余额。

（13）长期股权投资期末余额=长期股权投资总账期末余额-长期股权投资减值准备总账期末余额。

（14）投资性房地产期末余额。

① 采用成本模式进行后续计量的投资性房地产期末余额=投资性房地产总账期末余额-投资性房地产减值准备总账期末余额-投资性房地产累计折旧（摊销）总账期末余额。

② 采用公允价值模式进行后续计量的投资性房地产期末余额：根据总账余额直接填列。

（15）固定资产期末余额=固定资产总账期末余额-累计折旧总账期末余额-固定资产减值准备总账期末余额。

（16）在建工程期末余额=在建工程总账期末余额-在建工程减值准备总账期末余额。

（17）工程物资期末余额=工程物资总账期末余额-工程物资减值准备总账期末余额。

（18）无形资产期末余额=无形资产总账期末余额-累计摊销总账期末余额-无形资产减值准备总账期末余额。

（19）开发支出期末余额：根据开发支出总账期末余额直接填列。

（20）长期待摊费用期末余额=长期待摊费用总账期末余额-将于一年内到期的长期待摊费用期末余额。

（21）递延所得税资产期末余额：根据递延所得税资产总账期末余额直接填列。

2. 资产负债表负债类主要项目填列方法

（1）短期借款期末余额：根据短期借款总账期末余额直接填列。

（2）应付票据期末余额：根据应付票据总账期末余额直接填列。

（3）应付账款期末余额=应付账款总账期末贷方余额+预付账款总账期末贷方余额。

（4）预收账款期末余额=预收账款总账期末贷方余额+应收账款总账期末贷方余额。

（5）应付职工薪酬期末余额：根据应付职工薪酬总账期末余额直接填列。

（6）应交税费期末余额：根据应交税费总账期末余额直接填列。

（7）应付利息期末余额：根据应付利息总账期末余额直接填列。

（8）应付股利期末余额：根据应付股利总账期末余额直接填列。

（9）其他应付款期末余额：根据其他应付款总账期末余额直接填列。

（10）长期借款期末余额=长期借款总账期末余额−将于一年内到期的长期借款期末余额。

（11）应付债券期末余额=应付债券总账期末余额−将于一年内到期的应付债券期末余额。

（12）长期应付款期末余额=长期应付款总账期末余额−未确认融资费用总账期末余额－将于一年内到期的长期应付款期末余额。

（13）预计负债期末余额：根据预计负债总账期末余额直接填列。

（14）递延所得税负债期末余额：根据递延所得税负债总账期末余额直接填列。

3. 资产负债表所有者权益类主要项目填列方法

（1）实收资本期末余额：根据实收资本总账期末余额直接填列。

（2）资本公积期末余额：根据资本公积总账期末余额直接填列。

（3）其他综合收益：根据其他综合收益期末余额直接填列。

（4）盈余公积期末余额：根据盈余公积总账期末余额直接填列。

（5）未分配利润期末余额：根据“本年利润”科目和“利润分配”科目的余额计算填列。

二、利润表

利润表样表如表 1-10 所示。

表 1-10　利润表样表

利　润　表

会企 02 表

编制单位：　　　　　年　　月　　　　　单位：元

项　　目	行次（略）	本月数	本年累计数
一、营业收入			
减：营业成本			
营业税金及附加			
销售费用			
管理费用			
财务费用			
资产减值损失			
加：公允价值变动收益（损失以“−”号填列）			
投资收益（损失以“−”号填列）			
二、营业利润（亏损以“−”号填列）			

续表

项目	行次（略）	本月数	本年累计数
加：营业外收入			
其中：非流动资产处置利得			
减：营业外支出			
其中：非流动资产处置损失			
三、利润总额（亏损以"–"号填列）			
减：所得税费用			
四、净利润（净亏损以"–"号填列）			
五、其他综合收益的税后净额			
六、综合收益总额			
七、每股收益			
（一）基本每股收益			
（二）稀释每股收益			

1. 营业收入填列方法

营业收入=主营业务收入本期贷方发生额合计数+其他业务收入本期贷方发生额合计数。

2. 营业成本填列方法

营业成本=主营业务成本本期借方额合计数+其他业务成本本期借方发生额合计数。

3. 所得税费用填列方法

入门阶段，所得税费用=利润总额×适用税率。

实训示范

一、资产负债表

大洋股份有限公司2014年12月31日有关账户余额如表1-11所示。

表1-11 **账户余额**

账户	借方余额	账户	贷方余额
库存现金	288	短期借款	72 000
银行存款	74 000	应付账款	41 350
以公允价值计量且其变动计入当期损益的金融资产	11 000	其他应付款	3 780
应收账款	31 900	应付职工薪酬	27 640
其他应收款	1 500	应交税费	8 200
原材料	176 570	应付股利	12 100
生产成本	30 000	应付票据	1 400
库存商品	17 452	长期借款	50 000
持有至到期投资	60 000	累计折旧	181 500

续表

账　　户	借方余额	账　　户	贷方余额
固定资产	500 000	实收资本	491 500
无形资产	15 000	盈余公积	25 000
利润分配	32 760	本年利润	36 000
合　　计	950 470	合　　计	950 470

其中："应收账款"明细账余额：甲公司 41 900 元（借）、乙公司 10 000 元（贷）。
"应付账款"明细账余额：丙公司 54 350 元（贷）、丁公司 17 000 元（借）。
"长期借款"总账余额中包含将于一年内到期借款 10 000 元。

计算过程如下（单位：元）。

（1）货币资金=288+74 000=74 288。

（2）以公允价值计量且其变动计入当期损益的金融资产：直接填列。

（3）应收账款：41 900。

（4）应收票据：本例直接填列。

（5）存货=176 570+30 000+17 452=224 022。

（6）预付账款：17 000。

（7）持有至到期投资：本例直接填列。

（8）固定资产=500 000−181 500=318 500。

（9）工程物资：本例直接填列。

（10）短期借款：直接填列。

（11）应付票据：直接填列。

（12）应付账款：54 350。

（13）预收账款：10 000。

（14）应付职工薪酬：直接填列。

（15）应交税费：直接填列。

（16）一年内到期的非流动负债：根据一年内到期的长期借款填列。

（17）长期借款=50 000−10 000=40 000。

（18）实收资本：直接填列。

（19）盈余公积：直接填列。

（20）未分配利润=36 000−32 760=3 240。

则大洋股份有限公司 2014 年 12 月 31 日的资产负债表填制实例如表 1-12 所示。

表 1-12　　资产负债表填制实例

资产负债表

会企 01 表

编制单位：　　　　年　　月　　日　　　　单位：元

资　　产	期末余额	年初余额	负债和所有者权益	期末余额	年初余额
流动资产：			流动负债：		

续表

资　　产	期末余额	年初余额	负债和所有者权益	期末余额	年初余额
货币资金	74 288		短期借款	76 000	
以公允价值计量且其变动计入当期损益的金融资产	11 000		以公允价值计量且其变动计入当期损益的金融负债		
应收票据	1 500		应付票据	1 400	
应收账款	41 900		应付账款	54 350	
预付账款	17 000		预收账款	10 000	
应收利息			应付职工薪酬	27 640	
应收股利			应交税费	8 200	
其他应收款			应付利息		
存货	224 022		应付股利	12 100	
一年内到期的非流动资产			其他应付款	3 780	
其他流动资产			一年内到期的非流动负债	10 000	
流动资产合计			其他流动负债		
非流动资产：			**流动负债合计**		
可供出售金融资产			**非流动负债：**		
持有至到期投资	60 000		长期借款	40 000	
长期应收款			应付债券		
长期股权投资			长期应付款		
投资性房地产			专项应付款		
固定资产	318 500		预计负债		
在建工程			递延所得税负债		
工程物资	15 000		其他非流动负债		
固定资产清理			**非流动负债合计**		
生产性生物资产			**负债合计**		
油气资产			**所有者权益：**		
无形资产			实收资本	491 500	
开发支出			资本公积		
商誉			减：库存股		
			其他综合收益		
长期待摊费用			盈余公积	25 000	
递延所得税资产			未分配利润	3 240	
其他非流动资产			**所有者权益合计**		
非流动资产合计					
资产总计	763 210		**负债和所有者权益合计**	763 210	

二、利润表

大洋股份有限公司2014年度损益类科目年发生额累计汇总如表1-13所示。

表 1-13

损益类科目年发生额累计汇总表

2014 年度利润表科目本年累计发生额

金额单位：元

科 目 名 称	借方发生额	贷方发生额
主营业务收入		5 847 000
主营业务成本	2340 000	
营业税金及附加	170 000	
其他业务成本	226 000	
销售费用	7 000	
管理费用	12 000	
财务费用	3 000	
资产减值损失	6 200	
投资收益	16 000	
其他业务收入	300 000	
营业外收入	2 000	
营业外支出	3 000	

则大洋股份有限公司 2014 年度利润表填制实例如表 1-14 所示。

表 1-14

利润表填制实例

利　润　表

会企 02 表

编制单位：　　　　　　　　　　年　　月　　　　　　　　　　单位：元

项　　目	行次（略）	本月数	本年累计数
一、营业收入			6 147 000
减：营业成本			2 566 000
营业税金及附加			170 000
销售费用			7 000
管理费用			12 000
财务费用			3 000
资产减值损失			6 200
加：公允价值变动收益（损失以“–”号填列）			
投资收益（损失以“–”号填列）			16 000
二、营业利润（亏损以“–”号填列）			3 398 800
加：营业外收入			2 000
其中：非流动资产处置利得			
减：营业外支出			3 000
其中：非流动资产处置损失			
三、利润总额（亏损以“–”号填列）			3 397 800
减：所得税费用			849 450
四、净利润（净亏损以“–”号填列）			2 548 350
五、其他综合收益的税后净额			
六、综合收益总额			
七、每股收益			
（一）基本每股收益			
（二）稀释每股收益			

项目二

单项实训

【学习目标】

- 掌握基本原始凭证的填制方法。
- 掌握记账凭证的填制方法。
- 掌握日记账、明细账及总账的填制方法。
- 掌握资产负债表、损益表的编制方法。

任务一　原始凭证实训

任务引入

天星股份有限公司为增值税一般纳税人，公司的纳税人识别号为341002022386574，开户银行及账号分别为工商银行双岗办事处32-87096，公司地址为蚌埠市中山路120号，电话为0552-3056169。

请根据天星股份有限公司2015年8月发生的部分经济业务，填制相应的原始凭证，相关签章自行设计。

相关训练

一、支票

（1）8月2日，会计部门提取备用金2 000元，开出现金支票一张。

<table>
<tr><td>中国工商银行
现金支票存根
IV V00369860</td><td colspan="2">**中国工商银行 现金支票** IV V00369860
出票日期（大写） 年 月 日 付款行名称：</td></tr>
<tr><td>附加信息</td><td rowspan="8">本支票付款期限十天</td><td rowspan="8">收款人： 出票人账号：
人民币（大写） ｜千｜百｜十｜万｜千｜百｜十｜元｜角｜分｜
用途
上列款项请从
我账户内支付
出票人签章 复核 记账</td></tr>
<tr><td></td></tr>
<tr><td></td></tr>
<tr><td>出票日期</td></tr>
<tr><td>收款人：</td></tr>
<tr><td>金额：</td></tr>
<tr><td>用途：</td></tr>
<tr><td>单位主管 会计</td></tr>
</table>

（2）8 月 5 日，开出转账支票预付翔宇公司货款 15 000 元。

<table>
<tr><td>中国工商银行
现金支票存根
IV V00367237</td><td colspan="2">**中国工商银行 转账支票** IV V00367237
出票日期（大写） 年 月 日 付款行名称：</td></tr>
<tr><td>附加信息</td><td rowspan="8">本支票付款期限十天</td><td rowspan="8">收款人： 出票人账号：
人民币（大写） ｜千｜百｜十｜万｜千｜百｜十｜元｜角｜分｜
用途
上列款项请从
我账户内支付
出票人签章 复核 记账</td></tr>
<tr><td></td></tr>
<tr><td></td></tr>
<tr><td>出票日期</td></tr>
<tr><td>收款人：</td></tr>
<tr><td>金额：</td></tr>
<tr><td>用途：</td></tr>
<tr><td>单位主管 会计</td></tr>
</table>

二、汇票

（1）8 月 7 日，天星股份有限公司向海王公司销售产品甲一批，该批商品售价 10 000 元，适用的增值税税率为 17%。于当日收到海王公司开来的商业承兑汇票一张，该汇票到期日为 2015 年 11 月 7 日（不考虑其他原始凭证，无须填写出票人的相关信息）。海王公司账号为 22401045928，开户银行为建设银行胜利路支行。

商业承兑汇票（卡片）　1

出票日期：　　年　月　日　　　　汇票号码

（大写）

出票人	全　称		收款人	全　称			
	账　号			账　号			
	开户银行			开户银行		行号	

出票金额	人民币（大写）	亿	千	百	十	万	千	百	十	元	角	元

汇票到期日		交易合同号码	
出票人签章		备注：	

此联承兑人存查

（2）8 月 9 日，天星股份有限公司向国大公司购入生产用 A 原材料一批共计 1 000 千克。该批原材料买价 300 000 元，适用的增值税税率为 17%。已知国大公司的账号为 211062002-13，代理付款行为工商银行陶店支行（不考虑其他原始凭证）。

中国工商银行汇票申请书（存根）

申请人		收款人									
账号或住址		账号或住址									
用途		代理付款行									
汇票金额	人民币（大写）	千	百	十	万	千	百	十	元	角	分
上列款项请从我账户内支付		科　目（借）									
		对方科目（贷）									
申请人签章		财务主管　　复核　　经办									

三、增值税专用发票

8 月 10 日，天星股份有限公司销售给明珠股份有限公司甲产品 3 000 件，该批甲产品单件市场售价 100 元，适用的增值税税率为 17%。已知明珠公司的纳税人识别号为 534776690712388，公司地址为荷花路 326 号，电话为 41143303，开户行及账号为工行南山路支行 14-24589（不考虑其他原始凭证）。

22400035632　　**安徽省增值税专用发票**　　№ 459014

安徽　记账联

开票日期：　　年　月　日

<table>
<tr><td rowspan="4">购货单位</td><td colspan="5">名　　称：</td><td rowspan="4">密码区</td><td colspan="3" rowspan="4">略</td></tr>
<tr><td colspan="5">纳税人识别号：</td></tr>
<tr><td colspan="5">地址、电话：</td></tr>
<tr><td colspan="5">开户行及账号：</td></tr>
<tr><td colspan="2">货物或应税劳务名称</td><td>规格型号</td><td>单位</td><td>数量</td><td>单价</td><td>金额</td><td>税率</td><td>税额</td></tr>
<tr><td colspan="2">合　　计</td><td></td><td></td><td></td><td></td><td></td><td></td><td></td></tr>
<tr><td colspan="2">价税合计（大写）</td><td colspan="7">（小写）</td></tr>
<tr><td rowspan="4">销货单位</td><td colspan="5">名　　称：</td><td rowspan="4">备注</td><td colspan="3" rowspan="4"></td></tr>
<tr><td colspan="5">纳税人识别号：</td></tr>
<tr><td colspan="5">地址、电话：</td></tr>
<tr><td colspan="5">开户行及账号：</td></tr>
</table>

收款人：　　复核：　　开票人：　　销货单位：（章）

税总函〔2015〕7号中钞光华印制有限公司

第四联：记账联　售货方记账凭证

四、收料单

8 月 12 日，天星股份有限公司从国大公司购入的原材料 A 验收入库，假设材料的实际成本与计划成本一致。

收　料　单

发票号数　　　　年　月　日　　　　编号：20100801009

名称及规格	单位	数量	计划单价	金额		
				计　划	实　际	差　异
合　计						

交财务部门记账

财务主管：　　记账：　　保管部门主管：　　验收：　　制单：

五、领料单

8 月 12 日，天星股份有限公司从仓库领用生产用 B 原材料一批。该批原材料数量为 200 千克，单价为 12 元，材料编号为 062211，领料部门为二车间，领料仓库为三号库，编号为 1003。

领　料　单

材料科目：　　　　　　　　　　　　　　　　　　　　　　　　　　　　编号：
材料类别：　　　　　　　　　　　　　　　　　　　　　　　　　　　　领料仓库：
领料部门：　　　　　　　　　　　　　　　　　　　　　　　　　　　　年　　月　　日

材料编号	材料名称	规格	计量单位	数量	单价	金额	备注

第二联：交财务

部门主管：　　　　　　　保管员：　　　　　　　记账员：　　　　　　　领料人：

六、限额领料单

天星股份有限公司一车间为生产甲产品所领用的 A 材料采用限额领用的方式，一车间 A 材料的月领用定额为 200 千克。8 月一车间一共领用了 4 次 A 材料，日期分别为 8 月 5 日、8 月 11 日、8 月 22 日及 8 月 28 日，请领的数量分别为 60 千克、35 千克、55 千克及 40 千克，每次实发数量与请领数量相同，领料人为刘俊，发料人为章丽，已知材料单价为 30 元/千克。

限额领料单

领料单位：　　　　　　　　　　　　　　　　　　　　　　　　　　　发料仓库：
用途：　　　　　　　　　　　　　　　　　　　　　　　　　　　　　材料名称：
领用定额：　　　　　　　　　　　　　　　　　　　　　　　　　　　材料单价：

日　期	请 领 数 量	实 发 数 量	领料人签章	发料人签章	限 额 结 余
合　　计					

七、进账单

8 月 13 日，天星股份有限公司收到东海公司转账支票一张，偿付所欠货款 160 000 元。东海公司的开户银行为工商银行钓鱼台办事处，账号为 03-13018（不考虑其他原始凭证）。

中国工商银行　进账单（回单）　1

年　　月　　日

<table>
<tr><td rowspan="3">出票人</td><td>全　　称</td><td colspan="3"></td><td rowspan="3">收款人</td><td>全　　称</td><td colspan="11"></td></tr>
<tr><td>账　　号</td><td colspan="3"></td><td>账　　号</td><td colspan="11"></td></tr>
<tr><td>开户银行</td><td colspan="3"></td><td>开户银行</td><td colspan="11"></td></tr>
<tr><td rowspan="2">金额</td><td colspan="6" rowspan="2">人民币（大写）</td><td>亿</td><td>千</td><td>百</td><td>十</td><td>万</td><td>千</td><td>百</td><td>十</td><td>元</td><td>角</td><td>分</td></tr>
<tr><td></td><td></td><td></td><td></td><td></td><td></td><td></td><td></td><td></td><td></td><td></td></tr>
<tr><td colspan="2">票据种类</td><td></td><td>票据张数</td><td colspan="14"></td></tr>
<tr><td colspan="2">票据号码</td><td colspan="16"></td></tr>
<tr><td colspan="6">复核　　　　　　　记账</td><td colspan="12">收款人开户银行签章</td></tr>
</table>

八、差旅费报销单

8 月 16 日，天星股份有限公司办公室员工李扬开会出差归来。李扬出差时预借差旅费 800 元，实际报销 900 元，其中，住宿费 450 元，车船费 100 元，交通费 100 元，伙食费 200 元，其他杂费 50 元。

天星股份有限公司差旅费报销单

年 月 日

<table>
<tr><td>报销部门</td><td></td><td>报销人</td><td></td><td>预借金额</td><td></td><td colspan="8">报 销 金 额</td><td rowspan="8">财务凭证</td></tr>
<tr><td colspan="6"></td><td>十</td><td>万</td><td>千</td><td>百</td><td>十</td><td>元</td><td>角</td><td>分</td></tr>
<tr><td>出差事由</td><td colspan="5"></td><td></td><td></td><td></td><td></td><td></td><td></td><td></td><td></td></tr>
<tr><td>报销金额（大写）</td><td colspan="5"></td><td></td><td></td><td></td><td></td><td></td><td></td><td></td><td></td></tr>
<tr><td>住宿费</td><td>车船费</td><td colspan="2">交通费</td><td>伙食费</td><td>杂费</td><td colspan="8">报销人签名</td></tr>
<tr><td></td><td></td><td colspan="2"></td><td></td><td></td><td colspan="8"></td></tr>
<tr><td colspan="2">经理审批</td><td colspan="2">部门负责人审批</td><td colspan="2">财务负责人审批</td><td colspan="8">审核人</td></tr>
<tr><td colspan="2"></td><td colspan="2"></td><td colspan="2"></td><td colspan="8"></td></tr>
</table>

九、工资计算单

月末，编制本月薪酬费用分配汇总表。其中，一车间生产人员和管理人员应发工资分别为 120 000 元和 30 000 元，二车间生产人员和管理人员应发工资分别为 150 000 元和 45 000 元，三车间生产人员和管理人员应发工资分别为 100 000 元和 20 000 元，管理部门应发工资为 80 000 元。养老保险的计提比例为 8%，医疗保险的计提比例为 2%，失业保险的计提比例为 1%，住房公积金的计提比例为 20%。

薪酬费用汇总表

年 月 日

<table>
<tr><td colspan="3" rowspan="2">分 配 对 象</td><td rowspan="2">应发工资</td><td colspan="5">代 扣 项 目</td><td rowspan="2">实发工资</td></tr>
<tr><td>养老</td><td>医疗</td><td>失业</td><td>住房公积金</td><td>合计</td></tr>
<tr><td rowspan="6">基本生产车间</td><td rowspan="2">一车间</td><td>生产人员</td><td></td><td></td><td></td><td></td><td></td><td></td><td></td></tr>
<tr><td>管理人员</td><td></td><td></td><td></td><td></td><td></td><td></td><td></td></tr>
<tr><td rowspan="2">二车间</td><td>生产人员</td><td></td><td></td><td></td><td></td><td></td><td></td><td></td></tr>
<tr><td>管理人员</td><td></td><td></td><td></td><td></td><td></td><td></td><td></td></tr>
<tr><td rowspan="2">三车间</td><td>生产人员</td><td></td><td></td><td></td><td></td><td></td><td></td><td></td></tr>
<tr><td>管理人员</td><td></td><td></td><td></td><td></td><td></td><td></td><td></td></tr>
<tr><td colspan="3">管理费用</td><td></td><td></td><td></td><td></td><td></td><td></td><td></td></tr>
<tr><td colspan="3">合 计</td><td></td><td></td><td></td><td></td><td></td><td></td><td></td></tr>
</table>

会计： 复核： 制单：

任务二 记账凭证实训

任务引入

以下是天星股份有限公司 2015 年 9 月的部分经济业务，请根据给出的原始凭证登记出相应的记账凭证。假定天星股份有限公司产品成本于期末一次性结转，并且期初没有在产品，本月生产的甲、乙两种产品于月底全部完工。

相关训练

一、收款凭证

（1）请根据给出的原始凭证填制一张收款凭证。

<table>
<tr><td colspan="6" align="center">中国工商银行
借款借据（收账通知）
2015 年 9 月 2 日</td></tr>
<tr><td rowspan="3">收款单位</td><td>名　称</td><td colspan="2">天星股份有限公司</td><td rowspan="3">借款单位</td><td>名　称</td><td>天星股份有限公司</td></tr>
<tr><td>账　号</td><td colspan="2">32-87096</td><td>贷款账号</td><td></td></tr>
<tr><td>开户银行</td><td colspan="2">工商银行双岗办事处</td><td>开户银行</td><td>中国工商银行</td></tr>
<tr><td>借款种类</td><td>短期借款</td><td>年率</td><td>10%</td><td colspan="2">约定偿还日期</td><td>2015 年 12 月 2 日</td></tr>
<tr><td>借款用途</td><td colspan="6">生产周转借款</td></tr>
<tr><td>借款金额</td><td colspan="6">人民币（大写）捌万元整</td></tr>
<tr><td colspan="5">根据我行与你单位签订的借款合同，现立据申请办理上项贷款。贷款到期，由我单位主动归还。
此致
中国工商银行
借款单位印章</td><td colspan="2">分次还款记录</td></tr>
</table>

（2）请根据给出的原始凭证填制收款凭证。

2-1

22400078332　　**安徽省增值税专用发票**　　№ 463034

安徽　　记账联

开票日期：2015年09月03日

<table>
<tr><td rowspan="4">购货单位</td><td colspan="5">名　　称：菱湖有限公司</td><td rowspan="4">密码区</td><td colspan="2" rowspan="4">略</td></tr>
<tr><td colspan="5">纳税人识别号：534112290712782</td></tr>
<tr><td colspan="5">地址、电话：朝阳路130号 4082140</td></tr>
<tr><td colspan="5">开户行及账号：工行南山支行12-63232</td></tr>
<tr><td colspan="2">货物或应税劳务名称</td><td>规格型号</td><td>单位</td><td>数量</td><td>单价</td><td>金额</td><td>税率</td><td>税额</td></tr>
<tr><td colspan="2">甲产品</td><td></td><td>件</td><td>100</td><td>1000.00</td><td>100000.00</td><td>17%</td><td>17000.00</td></tr>
<tr><td colspan="2">合　计</td><td></td><td></td><td></td><td></td><td>¥100000.00</td><td></td><td>¥17000.00</td></tr>
<tr><td colspan="2">价税合计（大写）</td><td colspan="4">壹拾壹万柒仟元整</td><td colspan="3">（小写）¥117000.00</td></tr>
<tr><td rowspan="4">销货单位</td><td colspan="5">名　　称：天星股份有限公司</td><td rowspan="4">备注</td><td colspan="2" rowspan="4"></td></tr>
<tr><td colspan="5">纳税人识别号：341002022386574</td></tr>
<tr><td colspan="5">地址、电话：中山路120号3056169</td></tr>
<tr><td colspan="5">开户行及账号：工商银行双岗办事处32-87096</td></tr>
</table>

收款人：　　复核：　　开票人：　　销货单位：（章）

税总函〔2015〕7号中钞光华印制有限公司

第四联：记账联　售货方记账凭证

2-2

中国工商银行 进账单（回单） 1

2015年9月3日

出票人	全称	菱湖有限公司	收款人	全称	天星股份有限公司
	账号	12-63232		账号	32-87096
	开户银行	工行南山支行		开户银行	工商银行双岗办事处

金额		亿	千	百	十	万	千	百	十	元	角	分
	人民币（大写）叁拾伍万壹仟元整			¥	3	5	1	0	0	0	0	0

票据种类	支票	票据张数	1	
票据号码				
复核	记账			收款人开户银行签章

（3）请根据给出的原始凭证填制收款凭证。

中国工商银行 进账单（回单） 1

2015年9月6日

出票人	全称	东方商城	收款人	全称	天星股份有限公司
	账号	03-16418		账号	32-87096
	开户银行	工行十一中办事处		开户银行	工商银行双岗办事处

金额		亿	千	百	十	万	千	百	十	元	角	分
	人民币（大写）壹拾贰万元整			¥	1	2	0	0	0	0	0	0

票据种类	支票	票据张数	1	
票据号码				
复核	记账			收款人开户银行签章

（4）请根据给出的差旅费报销单和缴还款单填制收款凭证。

4-1

天星股份有限公司差旅费报销单

2015年9月8日

报销部门	一车间	报销人	胡萍	预借金额	1000.00	报销金额							
						十	万	千	百	十	元	角	分
出差事由	开会							¥	8	0	0	0	0
报销金额（大写）	捌佰元整												
								¥	8	0	0	0	0

住宿费	车船费	交通费	伙食费	杂费	报销人签名
300.00	100.00	50.00	300.00	50.00	胡萍

经理审批	部门负责人审批	财务负责人审批	审核人

财务凭证

4-2

天星股份有限公司

缴还款单（代收入凭证）

事由	退回差旅费							
缴款人：胡萍		2015 年 9 月 8 日						
金额	贰佰元整	万	千	百	十	元	角	分
			¥	2	0	0	0	0
收起戳记	收款人签章	审核		缴款人签章		财务主管		

财务科留存

二、付款凭证

（1）请根据给出的原始凭证填制一张付款凭证。

中国工商银行

现金支票存根

IV V00371920

附加信息

出票日期 2015 年 9 月 5 日

收款人：
金　额：¥3000.00
用　途：备用金

单位主管　　　　会计

（2）请根据给出的原始凭证填制一张付款凭证。

2-1

02400175612　　**江西省增值税专用发票**　　№ 367012

江西

发票联

开票日期: 2015年09月07日

购货单位	名　　称: 天星股份有限公司 纳税人识别号: 341002022386574 地址、电话: 中山路120号3056169 开户行及账号: 工商银行双岗办事处32-87096					密码区	略	
货物或应税劳务名称		规格型号	单位	数量	单价	金额	税率	税额
A材料			千克	30000	5.00	150000.00	17%	25500.00
合　计						¥150000.00		¥25500.00
价税合计（大写）		壹拾柒万伍仟伍佰元整				（小写）¥175500.00		
销货单位	名　　称: 益益股份有限公司 纳税人识别号: 384000690712128 地址、电话: 涂山路326号 2833035 开户行及账号: 工行涂山路支行 13-23617					备注		

收款人:　　　　复核:　　　　开票人:　　　　销货单位:（章）

税总函〔2015〕7号中钞光华印制有限公司

第二联：发票联　购货方记账凭证

2-2

02400175612　　**江西省增值税专用发票**　　№ 367012

江　西

抵扣联

开票日期: 2015年09月07日

购货单位	名　　称: 天星股份有限公司 纳税人识别号: 341002022386574 地 址 、 电 话: 中山路120号3056169 开户行及账号: 工商银行双岗办事处32-87096	密码区	略

货物或应税劳务名称	规格型号	单位	数量	单价	金额	税率	税额
A材料		千克	30000	5.00	150000.00	17%	25500.00
合　计					¥150000.00		¥25500.00
价税合计（大写）	壹拾柒万伍仟伍佰元整				（小写） ¥175500.00		

销货单位	名　　称: 益益股份有限公司 纳税人识别号: 384000690712128 地 址 、 电 话: 涂山路326号2833035 开户行及账号: 工行涂山路支行13-23617	备注	

收款人:　　复核:　　开票人:　　销货单位:（章）

税总函〔2015〕7号中钞光华印制有限公司

第三联：抵扣联　购买方抵扣税款凭证

2-3

中国工商银行

转账支票存根

IV V00371822

附加信息

出票日期 2015 年 9 月 7 日

收款人:
金　额: ¥175500.00
用　途: 购货

单位主管　　会计

（3）请根据给出的原始凭证填制一张付款凭证。

中国工商银行

转账支票存根

IV V00371822

附加信息

出票日期 2015 年 9 月 15 日

收款人:
金　额: ¥4000.00
用　途: 广告费

单位主管　　会计

（4）请根据给出的原始凭证填制一张付款凭证。

天星股份有限公司借款单

2015 年 9 月 12 日

借款人姓名	陈竹苗	部门	办公室
借款金额	（大写）壹仟元整		
借款理由	出差		
批准人	陈诚	归还日期	

（5）请根据给出的原始凭证填制一张付款凭证。

蚌埠市行政事业性收费

（　　　）统一收费收据（2015）　　No.0313200

收款日期　2015 年 9 月 15 日

交款单位	天星股份有限公司	结算方式	现金							
人民币（大写）	叁佰元整		十	万	千	百	十	元	角	分
					¥	3	0	0	0	0
收费项目	收费标准		收费数量							
财务学费										
收费单位财务专用章	收款单位开户行：中行中荣街支行		收款人：徐辉							
	账号：23-23654		交款人：财务							

（6）请根据给出的原始凭证填制一张付款凭证。

中国人民邮政报刊收据

单位：天星股份有限公司　　2015 年 9 月 16 日　　No.33288

报刊种类	附件（订阅单）		金额								
	起止期	份数	百	十	万	千	百	十	元	角	分
参考消息等	2015.10～2015.12					¥	3	6	0	0	0
合计（大写）叁佰陆拾元整			¥360.00								

注：收据数字如有涂改或未盖收款章无效。　　经手：

（7）请根据给出的原始凭证填制一张付款凭证。

7-1

公路养路费缴讫证

2015 年 9 月 17 日			
编号：	No.02113		
车主名称	天星股份有限公司	费别	金额（元）
车类	货车	养路费	2000.00
车牌号	皖 CA2003，皖 CF1917	滞纳金	
合计金额（大写）贰仟元整			
有效期	2015.9.1～2015.9.30		
签发单位	（章）	经办人	（章）

7-2

中国工商银行

转账支票存根

IV V00371823

附加信息

出票日期 2015 年 9 月 17 日

收款人：
金　额：¥2000.00
用　途：养路费

单位主管　　　　　　　　会计

（8）请根据给出的原始凭证填制一张付款凭证。

8-1

安徽事业性统一收据

2015 年 9 月 18 日

缴款单位：天星股份有限公司
金　　额：人民币贰万元整　　¥20000.00
事　　由：捐赠款

记账联

收款单位（盖章有效）

8-2

中国工商银行

转账支票存根

IV V00371824

附加信息

出票日期 2015 年 9 月 18 日

收款人：
金　额：¥20000.00
用　途：捐赠款

单位主管　　　　　　　　会计

（9）请根据给出的原始凭证填制一张付款凭证。

9-1

安徽省蚌埠市商业零售发票

发 票 联

客户名称：天星股份有限公司　　　　2015 年 9 月 19 日　　　　发票号码 1230432

货号	品名	单位	数量	单价	金额						
					万	千	百	十	元	角	分
	油漆	桶	80	120		9	6	0	0	0	0
合计人民币（大写）	玖仟陆佰元整				¥	9	6	0	0	0	0

开票人：（章）　　　　收款人：(章)　程亮

9-2

中国工商银行

转账支票存根

IV V00371825

附加信息

出票日期 2015 年 9 月 19 日

收款人：
金　额：¥9600.00
用　途：购油漆

单位主管　　　　会计

（10）请根据给出的原始凭证填制一张付款凭证。

中国移动通信安徽有限公司
蚌埠分公司资费发票

发票代码 321010941615
发票号码：00392337

发票违章举报电话：3072112

投诉电话：10086　　　　2015 年 9 月 30 日

用户名称	天星股份有限公司		
移动代码	A5510033287	协议号码	支票号码
合计金额	人民币（大写）捌佰元整		¥800.00
费用项目	金额		
网络使用费	800.00		

结算时间为 2015 年 9 月 1 日～2015 年 9 月 30 日。

三、转账凭证

（1）请根据给出的原始凭证填制一张转账凭证。

1-1

32100273402 **江西省增值税专用发票** №302337

江西

发票联

开票日期：2015年09月10日

购货单位	名称：天星股份有限公司 纳税人识别号：341002022386574 地址、电话：中山路120号3056169 开户行及账号：工商银行双岗办事处32-87096				密码区	略	
货物或应税劳务名称	规格型号	单位	数量	单价	金额	税率	税额
B材料		千克	30000	20.00	600000.00	17%	102000.00
合计					¥600000.00		¥102000.00
价税合计（大写）	柒拾万零贰仟元整				（小写）¥702000.00		
销货单位	名称：和平股份有限公司 纳税人识别号：2641166690632128 地址、电话：东海大道123号 3117313 开户行及账号：工行南施办事处12-36313				备注		

收款人： 复核： 开票人： 销货单位：（章）

税总函〔2015〕7号中钞光华印制有限公司

第二联：发票联 购货方记账凭证

1-2

32100273402 **江西省增值税专用发票** №302337

江西

抵扣联

开票日期：2015年09月10日

购货单位	名称：天星股份有限公司 纳税人识别号：341002022386574 地址、电话：中山路120号3056169 开户行及账号：工商银行双岗办事处32-87096				密码区	略	
货物或应税劳务名称	规格型号	单位	数量	单价	金额	税率	税额
B材料		千克	30000	20.00	600000.00	17%	102000.00
合计					¥600000.00		¥102000.00
价税合计（大写）	柒拾万零贰仟元整				（小写）¥702000.00		
销货单位	名称：和平股份有限公司 纳税人识别号：2641166690632128 地址、电话：东海大道123号 3117313 开户行及账号：工行南施办事处 12-36313				备注		

收款人： 复核： 开票人： 销货单位：（章）

税总函〔2015〕7号中钞光华印制有限公司

第三联：抵扣联 购买方抵扣税款凭证

1-3

中国工商银行汇票申请书（存根）

申请人	天星股份有限公司	收款人	和平股份有限公司
账号或住址	32-87096	账号或住址	12-36313
用　　途	购料	代理付款行	工行南岗支行
汇票金额	人民币（大写）柒拾万零贰仟元整	千 百 十 万 千 百 十 元 角 分	¥ 7 0 2 0 0 0 0 0
上列款项请从我账户内支付		科　　目（借）	
		对方科目（贷）	
	申请人签章	财务主管	复核　　经办

（2）请根据给出的原始凭证填制一张转账凭证。

2-1

22400078332　　**安徽省增值税专用发票**　　№ 463034

安徽 全国统一发票监制章 国家税务局监制

记账联

开票日期：2015年09月13日

税总函〔2015〕7号中钞光华印制有限公司

购货单位	名　　称：宏发商城 纳税人识别号：823112270712162 地址、电话：纬四路220号 4086120 开户行及账号：工行中荣街支行12-63232				密码区	略		
货物或应税劳务名称	规格型号	单位	数量	单价	金额	税率	税额	
乙产品		件	300	800.00	240000.00	17%	40800.00	
合　　计					¥240000.00		¥40800.00	
价税合计（大写）	贰拾捌万零捌佰元整				（小写）¥280800.00			
销货单位	名　　称：天星股份有限公司 纳税人识别号：341002022386574 地址、电话：中山路120号3056169 开户行及账号：工商银行双岗办事处32-87096				备注			

第四联：记账联　售货方记账凭证

收款人：　　复核：　　开票人：　　销货单位：（章）

2-2

商业承兑汇票（卡片）　1

出票日期：　贰零壹伍年玖月壹拾叁日　　　　汇票号码
（大写）

出票人	全　称	宏发商城	收款人	全　称	天星股份有限公司		
	账　号	12-63232		账　号	32-87096		
	开户银行	工行中荣街支行		开户银行	工商银行双岗办事处	行号	

出票金额	人民币（大写）贰拾捌万零捌佰元整	亿	千	百	十	万	千	百	十	元	角	元
				¥	2	8	0	8	0	0	0	0

汇票到期日			承兑协议号	
交易合同号码			地址	
出票人签章		备注：		

（3）请根据给出的原始凭证填制一张转账凭证。

收　料　单

发票号数　　　　2015 年 9 月 16 日　　　　编号：20100901001

名称及规格	单位	数量	计划单价	金额		
				计划	实际	差异
原材料 A	千克	30 000	5.00	150 000.00	150 000.00	0.00
合　计						

交财务部门记账

财务主管：　　记账：　　保管部门主管：　　验收：　　制单：

（4）请根据给出的原始凭证填制一张转账凭证。

4-1

22311273513　　安徽省增值税专用发票　　№ 331126

安徽

发票联

开票日期：2015年09月20日

购货单位	名　　称：天星股份有限公司 纳税人识别号：341002022386574 地 址、电 话：中山路120号3056169 开户行及账号：工商银行双岗办事处32-87096				密码区	略		
货物或应税劳务名称	规格型号	单位	数量	单价	金额	税率	税额	
M机床		台	1	400000.00	400000.00	17%	68000.00	
合　计					¥400000.00		¥68000.00	
价税合计（大写）	肆拾陆万捌仟元整				（小写）¥468000.00			
销货单位	名　　称：晨光机械厂 纳税人识别号：3742277290612136 地 址、电 话：工农路110号 3113910 开户行及账号：工行太平街办事处22-57618				备注			

税总函〔2015〕7号中钞光华印制有限公司

第二联：发票联　购货方记账凭证

收款人：　　复核：　　开票人：　　销货单位：（章）

4-2

22311273513　　**安徽省增值税专用发票**　　№ 331126

抵扣联

开票日期：2015年09月20日

<table>
<tr><td rowspan="4">购货单位</td><td>名　　称：天星股份有限公司</td><td colspan="5" rowspan="4">密码区</td><td colspan="2" rowspan="4">略</td></tr>
<tr><td>纳税人识别号：341002022386574</td></tr>
<tr><td>地址、电话：中山路120号3056169</td></tr>
<tr><td>开户行及账号：工商银行双岗办事处32-87096</td></tr>
<tr><td colspan="2">货物或应税劳务名称</td><td>规格型号</td><td>单位</td><td>数量</td><td>单价</td><td>金额</td><td>税率</td><td>税额</td></tr>
<tr><td colspan="2">M机床</td><td></td><td>台</td><td>1</td><td>400000.00</td><td>400000.00</td><td>17%</td><td>68000.00</td></tr>
<tr><td colspan="2">合　　计</td><td></td><td></td><td></td><td></td><td>¥400000.00</td><td></td><td>¥68000.00</td></tr>
<tr><td colspan="2">价税合计（大写）</td><td colspan="5">肆拾陆万捌仟元整</td><td colspan="2">（小写）¥468000.00</td></tr>
<tr><td rowspan="4">销货单位</td><td>名　　称：晨光机械厂</td><td colspan="5" rowspan="4">备注</td><td colspan="2" rowspan="4"></td></tr>
<tr><td>纳税人识别号：3742277290612136</td></tr>
<tr><td>地址、电话：工农路110号3113910</td></tr>
<tr><td>开户行及账号：工行太平街办事处22-57618</td></tr>
</table>

收款人：　　复核：　　开票人：　　销货单位：（章）

税总函〔2015〕7号中钞光华印制有限公司

第三联：抵扣联　购买方抵扣税款凭证

4-3

固定资产验收交接单

2015年9月20日

<table>
<tr><td>资产编号</td><td>资产名称</td><td>资产型号</td><td>计量单位</td><td>数量</td><td>设备价值</td><td>安装费用</td><td>其他费用</td><td>合计</td></tr>
<tr><td></td><td>机床</td><td></td><td>台</td><td>1</td><td>400 000.00</td><td>0.00</td><td></td><td>400 000.00</td></tr>
<tr><td colspan="2">资产来源</td><td colspan="2">外购</td><td>使用年限</td><td>10</td><td rowspan="4">主要附属设备</td><td colspan="2">1</td></tr>
<tr><td colspan="2">制造商</td><td colspan="2"></td><td>估计残值</td><td>0.00</td><td colspan="2">2</td></tr>
<tr><td colspan="2">制造日期</td><td colspan="2"></td><td>折旧率</td><td>1%</td><td colspan="2">3</td></tr>
<tr><td colspan="2">使用部门</td><td colspan="2">生产车间</td><td></td><td></td><td colspan="2">4</td></tr>
</table>

交验部门：　　点交人：李梅　　接受部门：　　接管人：

（5）请根据给出的原始凭证填制一张转账凭证。

天星股份有限公司材料发出汇总表

2015年9月30日

类别 用途	A材料		B材料		合计
	数量	金额	数量	金额	
甲产品	10 000	50 000.00	20 000.00	400 000.00	450 000.00
乙产品	20 000	100 000.00	15 000.00	300 000.00	400 000.00
一车间	50	250.00	100.00	2 000.00	2 250.00
二车间	30	150.00	50.00	1 000.00	1 150.00

续表

用途＼类别	A材料		B材料		合计
	数量	金额	数量	金额	
三车间	60	300.00	40.00	800.00	1 100.00
管理部门	100	500.00	50.00	1 000.00	1 500.00
合　计	30 240	151 200.00	35 240.00	704 800.00	856 000.00

会计：　　　　　　　　复核：　　　　　　　　制单：

（6）请根据给出的原始凭证填制一张转账凭证。

天星股份有限公司折旧分摊表

2015 年 9 月 30 日

分摊对象			月折旧额
制造费用	一车间	房屋及建筑物	12 000.00
		机器设备	10 000.00
		其他	
		小计	22 000.00
	二车间	房屋及建筑物	13 500.00
		机器设备	14 500.00
		其他	
		小计	28 000.00
	三车间	房屋及建筑物	14 000.00
		机器设备	13 000.00
		其他	
		小计	27 000.00
管理费用	管理部门	房屋及建筑物	6 000.00
		机器设备	
		其他	2 000.00
		小计	8 000.00

会计：　　　　　　　　复核：　　　　　　　　制单：

（7）请根据给出的原始凭证填制一张转账凭证。

天星股份有限公司薪酬费用分配表

2015 年 9 月 30 日

分配对象			应发工资	代扣项目合计	实发工资
生产车间	一车间	生产人员（甲产品）	30 000.00	2 000.00	28 000.00
		管理人员	10 000.00	667.00	9 333.00
	二车间	生产人员（假设甲、乙产品各一半）	24 000.00	1 600.00	22 400.00
		管理人员	9 000.00	600.00	8 400.00
	三车间	生产人员（乙产品）	28 000.00	1 867.00	26 133.00
		管理人员	10 000.00	667.00	9 333.00

续表

分配对象		应发工资	代扣项目合计	实发工资
管理部门		30 000.00	2 000.00	28 000.00
专设销售机构		8 000.00	533.00	7 467.00
合　计		149 000.00	9 934.00	139 066.00

（8）请根据给出的原始凭证填制一张转账凭证。

天星股份有限公司应付利息计算表

2015 年 9 月 30 日

银行借款（短期）金额	年利率	应付利息
100 000.00	8%	666.67
80 000.00	10%	666.67
合计		1 333.34

会计：　　　　复核：　　　　制单：

（9）请根据给出的原始凭证填制一张转账凭证。

天星股份有限公司制造费用分配表

2015 年 9 月 30 日

	一 车 间 分配金额	二 车 间 分配金额	三 车 间 分配金额	合　计
甲产品	30 000.00	20 000.00	50 000.00	100 000.00
乙产品	40 000.00	30 000.00	30 000.00	100 000.00
合　计	70 000.00	50 000.00	80 000.00	

（10）请根据给出的原始凭证填制一张转账凭证。

天星股份有限公司产成品入库单

2015 年 9 月 30 日

编　号	名　称	单　位	数　量	成　本	金　额
	甲产品	件	10 000	59.20	592 000.00
	乙产品	件	10 000	54.00	540 000.00
合　计			20 000	113.20	1 132 000.00

第三联会计记账

（11）请根据给出的原始凭证填制一张转账凭证。

天星股份有限公司生产成本计算表

2015 年 9 月 30 日

产 品 名 称	销 售 数 量	单位生产成本	金　额
甲产品	300	59.20	17 760.00
乙产品	400	54.00	21 600.00
合　计	700		39 360.00

任务三　账簿实训

任务引入

天星股份有限公司部分业务的记账凭证如表2-1所示，请根据给出的记账凭证登记相应的日记账、明细账。请根据给出的科目汇总表登记总账。不考虑期末结账。

表 2-1　　天星股份有限公司期初余额表

总账科目	明细科目	总账金额	明细金额
库存现金		5 000.00	
银行存款		123 000.00	
应收账款	南方公司		234 000.00
	胜利公司		300 000.00
原材料	A 材料	25 000.00	

注：假定A材料的单价为5元/千克，计划成本与实际成本一致。在登记账簿的过程中，只需考虑本题中给出的记账凭证个数。

相关训练

一、日记账

（1）库存现金日记账。请根据给出的记账凭证登记库存现金日记账。

1-1

付款凭证

应贷科目：库存现金　　2015年11月1日　　第01号

摘　要	借方科目		金　额										√
	总账科目	明细科目	千	百	十	万	千	百	十	元	角	分	
购买办公用品	管理费用							5	0	0	0	0	
合　计							¥	5	0	0	0	0	

附件1张

会计主管：王璐　　记账：李一　　复核：夏琳　　出纳：王钰　　制证：李一

1-2

付款凭证

应贷科目：库存现金　　　　2015年11月1日　　　　第02号

摘　要	借方科目		金　额										√
	总账科目	明细科目	千	百	十	万	千	百	十	元	角	分	
支付包装物押金	其他应收款	押金					1	0	0	0	0	0	
合　计						¥	1	0	0	0	0	0	

附件1张

会计主管：王璐　　记账：李一　　复核：夏琳　　出纳：王钰　　制证：李一

1-3

付款凭证

应贷科目：库存现金　　　　2015年11月2日　　　　第03号

摘　要	借方科目		金　额										√
	总账科目	明细科目	千	百	十	万	千	百	十	元	角	分	
业务招待费	管理费用							8	0	0	0	0	
合　计							¥	8	0	0	0	0	

附件1张

会计主管：王璐　　记账：李一　　复核：夏琳　　出纳：王钰　　制证：李一

1-4

收款凭证

应借科目：库存现金　　　　2015年11月2日　　　　第01号

摘　要	贷方科目		金　额										√
	总账科目	明细科目	千	百	十	万	千	百	十	元	角	分	
退回多余差旅费	其他应收款	李夏						2	0	0	0	0	
合　计							¥	2	0	0	0	0	

附件1张

会计主管：王璐　　记账：李一　　复核：夏琳　　出纳：王钰　　制证：李一

1-5

付款凭证

应贷科目：库存现金　　　　2015 年 11 月 3 日　　　　第 04 号

摘　要	借方科目		金　额										√
	总账科目	明细科目	千	百	十	万	千	百	十	元	角	分	
交通违规罚款	营业外支出							2	0	0	0	0	
合　计							¥	2	0	0	0	0	

附件 1 张

会计主管：王璐　　记账：李一　　复核：夏琳　　出纳：王钰　　制证：李一

1-6

付款凭证

应贷科目：库存现金　　　　2015 年 11 月 6 日　　　　第 05 号

摘　要	贷方科目		金　额										√
	总账科目	明细科目	千	百	十	万	千	百	十	元	角	分	
杂费	管理费用							1	0	0	0	0	
合　计							¥	1	0	0	0	0	

附件 1 张

会计主管：王璐　　记账：李一　　复核：夏琳　　出纳：王钰　　制证：李一

1-7

付款凭证

应贷科目：库存现金　　　　2015 年 11 月 10 日　　　　第 06 号

摘　要	贷方科目		金　额										√
	总账科目	明细科目	千	百	十	万	千	百	十	元	角	分	
支付材料运费	材料采购						1	0	0	0	0	0	
合　计						¥	1	0	0	0	0	0	

附件 1 张

会计主管：王璐　　记账：李一　　复核：夏琳　　出纳：王钰　　制证：李一

1-8

付款凭证

应贷科目：库存现金　　　　2015年11月12日　　　　第07号

摘　要	借方科目		金　额										√
	总账科目	明细科目	千	百	十	万	千	百	十	元	角	分	
预借差旅费	其他应收款	李扬						5	0	0	0	0	
合　计							¥	5	0	0	0	0	

附件1张

会计主管：王璐　　记账：李一　　复核：夏琳　　出纳：王钰　　制证：李一

（2）银行存款日记账。请根据给出的记账凭证登记银行存款日记账。

2-1

收款凭证

应借科目：银行存款　　　　2015年11月6日　　　　第02号

摘　要	贷方科目		金　额										√
	总账科目	明细科目	千	百	十	万	千	百	十	元	角	分	
取得短期借款	短期借款	中国工商银行			1	0	0	0	0	0	0	0	
合　计				¥	1	0	0	0	0	0	0	0	

附件1张

会计主管：王璐　　记账：李一　　复核：夏琳　　出纳：王钰　　制证：李一

2-2

收款凭证

应借科目：银行存款　　　　2015年11月9日　　　　第03号

摘　要	贷方科目		金　额										√
	总账科目	明细科目	千	百	十	万	千	百	十	元	角	分	
收回货款	应收账款	南方公司			2	3	4	0	0	0	0	0	
合　计				¥	2	3	4	0	0	0	0	0	

附件1张

会计主管：王璐　　记账：李一　　复核：夏琳　　出纳：王钰　　制证：李一

2-3

付款凭证

应贷科目：银行存款　　　　2015 年 11 月 13 日　　　　第 08 号

摘　要	借方科目		金　额										√
	总账科目	明细科目	千	百	十	万	千	百	十	元	角	分	
广告费	销售费用						8	0	0	0	0	0	
合　计						¥	8	0	0	0	0	0	

附件 1 张

会计主管：王璐　　记账：李一　　复核：夏琳　　出纳：王钰　　制证：李一

2-4

付款凭证

应贷科目：银行存款　　　　2015 年 11 月 16 日　　　　第 09 号

摘　要	借方科目		金　额										√
	总账科目	明细科目	千	百	十	万	千	百	十	元	角	分	
支付材料款	应付账款	嘉华公司			1	1	7	0	0	0	0	0	
合　计				¥	1	1	7	0	0	0	0	0	

附件 1 张

会计主管：王璐　　记账：李一　　复核：夏琳　　出纳：王钰　　制证：李一

2-5

付款凭证

应贷科目：银行存款　　　　2015 年 11 月 20 日　　　　第 10 号

摘　要	借方科目		金　额										√
	总账科目	明细科目	千	百	十	万	千	百	十	元	角	分	
车间修理费	管理费用						3	0	0	0	0	0	
合　计						¥	3	0	0	0	0	0	

附件 1 张

会计主管：王璐　　记账：李一　　复核：夏琳　　出纳：王钰　　制证：李一

2-6

收款凭证

应借科目：银行存款　　　　2015年11月18日　　　　第04号

摘要	贷方科目		金额										√
	总账科目	明细科目	千	百	十	万	千	百	十	元	角	分	
收回货款	应收账款	唯意公司			2	3	4	0	0	0	0	0	
合　计				¥	2	3	4	0	0	0	0	0	

附件1张

会计主管：王璐　　记账：李一　　复核：夏琳　　出纳：王钰　　制证：李一

2-7

付款凭证

应贷科目：银行存款　　　　2015年11月22日　　　　第11号

摘要	借方科目		金额										√
	总账科目	明细科目	千	百	十	万	千	百	十	元	角	分	
咨询费	管理费用						5	0	0	0	0	0	
合　计						¥	5	0	0	0	0	0	

附件1张

会计主管：王璐　　记账：李一　　复核：夏琳　　出纳：王钰　　制证：李一

2-8

收款凭证

应借科目：银行存款　　　　2015年11月23日　　　　第05号

摘要	贷方科目		金额										√
	总账科目	明细科目	千	百	十	万	千	百	十	元	角	分	
收回货款	应收账款	长丰公司			3	5	1	0	0	0	0	0	
合　计				¥	3	5	1	0	0	0	0	0	

附件1张

会计主管：王璐　　记账：李一　　复核：夏琳　　出纳：王钰　　制证：李一

2-9

付款凭证

应贷科目：银行存款　　　　2015 年 11 月 27 日　　　　第 12 号

摘　要	借方科目		金　额										√
	总账科目	明细科目	千	百	十	万	千	百	十	元	角	分	
希望工程捐款	营业外支出					1	0	0	0	0	0	0	
合　计					¥	1	0	0	0	0	0	0	

附件 1 张

会计主管：王璐　　记账：李一　　复核：夏琳　　出纳：王钰　　制证：李一

2-10

付款凭证

应贷科目：银行存款　　　　2015 年 11 月 29 日　　　　第 13 号

摘　要	借方科目		金　额										√
	总账科目	明细科目	千	百	十	万	千	百	十	元	角	分	
还购料款	应付账款	通达公司				9	3	6	0	0	0	0	
合　计					¥	9	3	6	0	0	0	0	

附件 1 张

会计主管：王璐　　记账：李一　　复核：夏琳　　出纳：王钰　　制证：李一

二、明细账

（1）三栏式明细账。请根据给出的记账凭证登记应收账款三栏式明细账。

1-1

转账凭证

2015 年 11 月 3 日　　　　第 01 号

摘要	总账科目	明细科目	借　方										贷　方										√
			千	百	十	万	千	百	十	元	角	分	千	百	十	万	千	百	十	元	角	分	
销售	应收账款	胜利公司			3	5	1	0	0	0	0	0											
	主营业务收入	甲产品													3	0	0	0	0	0	0	0	
	应交税费	应交增值税（销）														5	1	0	0	0	0	0	
合计				¥	3	5	1	0	0	0	0	0		¥	3	5	1	0	0	0	0	0	

附件 1 张

会计主管：王璐　　记账：李一　　复核：夏琳　　出纳：　　制证：李一

1-2

转账凭证

2015年11月6日　　　　第02号

摘要	总账科目	明细科目	借方										贷方										√
			千	百	十	万	千	百	十	元	角	分	千	百	十	万	千	百	十	元	角	分	
销售	应收账款	万维公司			2	3	4	0	0	0	0	0											
	主营业务收入														2	0	0	0	0	0	0	0	
	应交税费	应交增值税（销）														3	4	0	0	0	0	0	
合计				¥	2	3	4	0	0	0	0	0		¥	2	3	4	0	0	0	0	0	

附件1张

会计主管：王璐　　记账：李一　　复核：夏琳　　出纳：　　制证：李一

1-3

收账凭证

应借科目：银行存款　　2015年11月9日　　第03号

摘要	贷方科目		金额										√
	总账科目	明细科目	千	百	十	万	千	百	十	元	角	分	
收回货款	应收账款	南方公司			2	3	4	0	0	0	0	0	
合　计				¥	2	3	4	0	0	0	0	0	

附件1张

会计主管：王璐　　记账：李一　　复核：夏琳　　出纳：　　制证：李一

1-4

转账凭证

2015年11月13日　　　　第03号

摘要	总账科目	明细科目	借方										贷方										√
			千	百	十	万	千	百	十	元	角	分	千	百	十	万	千	百	十	元	角	分	
销售	应收账款	胜利公司			1	1	7	0	0	0	0	0											
	主营业务收入														1	0	0	0	0	0	0	0	
	应交税费	应交增值税（销）														1	7	0	0	0	0	0	
合计				¥	1	1	7	0	0	0	0	0		¥	1	1	7	0	0	0	0	0	

附件1张

会计主管：王璐　　记账：李一　　复核：夏琳　　出纳：　　制证：李一

1-5

转账凭证

2015 年 11 月 17 日　　　　第 04 号

摘要	总账科目	明细科目	借方										贷方										√
			千	百	十	万	千	百	十	元	角	分	千	百	十	万	千	百	十	元	角	分	
销售	应收账款	万维公司			1	4	0	4	0	0	0	0											
	主营业务收入														1	2	0	0	0	0	0	0	
	应交税费	应交增值税（销）														2	0	4	0	0	0	0	
合计				¥	1	4	0	4	0	0	0	0		¥	1	4	0	4	0	0	0	0	

附件 1 张

会计主管：王璐　　记账：李一　　复核：夏琳　　出纳：　　制证：李一

1-6

收账凭证

应借科目：银行存款　　2015 年 11 月 18 日　　第 04 号

摘　要	贷方科目		金　额										√
	总账科目	明细科目	千	百	十	万	千	百	十	元	角	分	
收回货款	应收账款	万维公司			2	3	4	0	0	0	0	0	
合　计				¥	2	3	4	0	0	0	0	0	

附件 1 张

会计主管：王璐　　记账：李一　　复核：夏琳　　出纳：　　制证：李一

1-7

收款凭证

应借科目：银行存款　　2015 年 11 月 23 日　　第 05 号

摘　要	贷方科目		金　额										√
	总账科目	明细科目	千	百	十	万	千	百	十	元	角	分	
收回货款	应收账款	胜利公司			3	0	0	0	0	0	0	0	
合　计				¥	3	0	0	0	0	0	0	0	

附件 1 张

会计主管：王璐　　记账：李一　　复核：夏琳　　出纳：王钰　　制证：李一

1-8

收款凭证

应借科目：银行存款　　　　2015年11月24日　　　　第06号

摘要	贷方科目		金额										√
	总账科目	明细科目	千	百	十	万	千	百	十	元	角	分	
收回货款	应收账款	胜利公司			3	5	1	0	0	0	0	0	
合　计				¥	3	5	1	0	0	0	0	0	

附件1张

会计主管：王璐　　记账：李一　　复核：夏琳　　出纳：王钰　　制证：李一

1-9

转款凭证

2015年11月25日　　　　第05号

摘要	总账科目	明细科目	借方										贷方										√
			千	百	十	万	千	百	十	元	角	分	千	百	十	万	千	百	十	元	角	分	
销售	应收账款	万维公司			2	9	2	5	0	0	0	0											
	主营业务收入														2	5	0	0	0	0	0	0	
	应交税费	应交增值税（销）														4	2	5	0	0	0	0	
合计				¥	2	9	2	5	0	0	0	0		¥	2	9	2	5	0	0	0	0	

附件1张

会计主管：王璐　　记账：李一　　复核：夏琳　　出纳：王钰　　制证：李一

1-10

收款凭证

应借科目：银行存款　　　　2015年11月27日　　　　第07号

摘　要	贷方科目		金额										√
	总账科目	明细科目	千	百	十	万	千	百	十	元	角	分	
收回货款	应收账款	万维公司			1	4	0	4	0	0	0	0	
合　计				¥	1	4	0	4	0	0	0	0	

附件1张

会计主管：王璐　　记账：李一　　复核：夏琳　　出纳：王钰　　制证：李一

（2）多栏式明细账。请根据给出的记账凭证登记管理费用多栏式明细账。

2-1

付款凭证

应贷科目：库存现金　　　　2015 年 11 月 1 日　　　　第 01 号

摘　要	借方科目		金　额										√
	总账科目	明细科目	千	百	十	万	千	百	十	元	角	分	
购买办公用品	管理费用							5	0	0	0	0	
合　计							¥	5	0	0	0	0	

附件 1 张

会计主管：王璐　　记账：李一　　复核：夏琳　　出纳：王钰　　制证：李一

2-2

付款凭证

应贷科目：库存现金　　　　2015 年 11 月 2 日　　　　第 03 号

摘　要	借方科目		金　额										√
	总账科目	明细科目	千	百	十	万	千	百	十	元	角	分	
业务招待费	管理费用							8	0	0	0	0	
合　计							¥	8	0	0	0	0	

附件 1 张

会计主管：王璐　　记账：李一　　复核：夏琳　　出纳：王钰　　制证：李一

2-3

付款凭证

应贷科目：库存现金　　　　2015 年 11 月 6 日　　　　第 05 号

摘　要	贷方科目		金　额										√
	总账科目	明细科目	千	百	十	万	千	百	十	元	角	分	
杂费	管理费用							1	0	0	0	0	
合　计							¥	1	0	0	0	0	

附件 1 张

会计主管：王璐　　记账：李一　　复核：夏琳　　出纳：王钰　　制证：李一

2-4

付款凭证

应贷科目：银行存款　　　　2015年11月20日　　　　第10号

摘要	借方科目		金额										√
	总账科目	明细科目	千	百	十	万	千	百	十	元	角	分	
车间修理费	管理费用						3	0	0	0	0	0	
合计						¥	3	0	0	0	0	0	

附件1张

会计主管：王璐　　记账：李一　　复核：夏琳　　出纳：王钰　　制证：李一

2-5

付款凭证

应贷科目：银行存款　　　　2015年11月22日　　　　第11号

摘要	借方科目		金额										√
	总账科目	明细科目	千	百	十	万	千	百	十	元	角	分	
咨询费	管理费用						5	0	0	0	0	0	
合计						¥	5	0	0	0	0	0	

附件1张

会计主管：王璐　　记账：李一　　复核：夏琳　　出纳：王钰　　制证：李一

2-6

付款凭证

应贷科目：银行存款　　　　2015年11月29日　　　　第14号

摘要	借方科目		金额										√
	总账科目	明细科目	千	百	十	万	千	百	十	元	角	分	
排污费	管理费用						3	0	0	0	0	0	
合计						¥	3	0	0	0	0	0	

附件1张

会计主管：王璐　　记账：李一　　复核：夏琳　　出纳：王钰　　制证：李一

（3）数量金额式明细账。请根据给出的记账凭证登记原材料数量金额式明细表。

3-1

转账凭证

2015 年 11 月 25 日　　　　　　　　　　第 06 号

摘要	总账科目	明细科目	借方										贷方										√
			千	百	十	万	千	百	十	元	角	分	千	百	十	万	千	百	十	元	角	分	
购料	原材料	A 材料			1	5	0	0	0	0	0	0											
	应交税费	应交增值税（进）				2	5	5	0	0	0	0											
	应付账款	新科公司													1	7	5	5	0	0	0	0	
合计				¥	1	7	5	5	0	0	0	0		¥	1	7	5	5	0	0	0	0	

附件 3 张

会计主管：王璐　　记账：李一　　复核：夏琳　　出纳：　　制证：李一

3-2

转账凭证

2015 年 11 月 26 日　　　　　　　　　　第 07 号

摘要	总账科目	明细科目	借方										贷方										√
			千	百	十	万	千	百	十	元	角	分	千	百	十	万	千	百	十	元	角	分	
材料入库	原材料	A 材料				2	0	0	0	0	0	0											
	材料采购															2	0	0	0	0	0	0	
合计					¥	2	0	0	0	0	0	0			¥	2	0	0	0	0	0	0	

附件 1 张

会计主管：王璐　　记账：李一　　复核：夏琳　　出纳：　　制证：李一

3-3

转账凭证

2015 年 11 月 26 日　　　　　　　　　　第 08 号

摘要	总账科目	明细科目	借方										贷方										√
			千	百	十	万	千	百	十	元	角	分	千	百	十	万	千	百	十	元	角	分	
领料	生产成本	甲产品			1	0	0	0	0	0	0	0											
	原材料	A 材料													1	0	0	0	0	0	0	0	
合计				¥	1	0	0	0	0	0	0	0		¥	1	0	0	0	0	0	0	0	

附件 1 张

会计主管：王璐　　记账：李一　　复核：夏琳　　出纳：　　制证：李一

3-4

转账凭证

2015年11月27日　　　　第09号

摘要	总账科目	明细科目	借方										贷方										√
			千	百	十	万	千	百	十	元	角	分	千	百	十	万	千	百	十	元	角	分	
购料	原材料	A材料				7	5	0	0	0	0	0											
	应交税费	应交增值税（进）				1	2	7	5	0	0	0											
	应付账款	新科公司														8	7	7	5	0	0	0	
合计					¥	8	7	7	5	0	0	0			¥	8	7	7	5	0	0	0	

附件3张

会计主管：王璐　　记账：李一　　复核：夏琳　　出纳：　　制证：李一

3-5

转账凭证

2015年11月27日　　　　第10号

摘要	总账科目	明细科目	借方										贷方										√
			千	百	十	万	千	百	十	元	角	分	千	百	十	万	千	百	十	元	角	分	
领料	生产成本	甲产品				2	5	0	0	0	0	0											
	原材料	A材料														2	5	0	0	0	0	0	
合计					¥	2	5	0	0	0	0	0			¥	2	5	0	0	0	0	0	

附件1张

会计主管：王璐　　记账：李一　　复核：夏琳　　出纳：　　制证：李一

3-6

转账凭证

2015年11月28日　　　　第11号

摘要	总账科目	明细科目	借方										贷方										√
			千	百	十	万	千	百	十	元	角	分	千	百	十	万	千	百	十	元	角	分	
领料	制造费用					1	0	0	0	0	0	0											
	原材料	A材料														1	0	0	0	0	0	0	
合计					¥	1	0	0	0	0	0	0			¥	1	0	0	0	0	0	0	

附件1张

会计主管：王璐　　记账：李一　　复核：夏琳　　出纳：　　制证：李一

3-7

转账凭证

2015 年 11 月 28 日　　　　第 12 号

摘要	总账科目	明细科目	借方										贷方										√
			千	百	十	万	千	百	十	元	角	分	千	百	十	万	千	百	十	元	角	分	
领料	管理费用					1	5	0	0	0	0	0											
	原材料	A 材料														1	5	0	0	0	0	0	
合计					¥	1	5	0	0	0	0	0			¥	1	5	0	0	0	0	0	

附件 1 张

会计主管：王璐　　记账：李一　　复核：夏琳　　出纳：　　制证：李一

3-8

转账凭证

2015 年 11 月 28 日　　　　第 13 号

摘要	总账科目	明细科目	借方										贷方										√
			千	百	十	万	千	百	十	元	角	分	千	百	十	万	千	百	十	元	角	分	
购料	原材料	A 材料				5	0	0	0	0	0	0											
	应交税费	应交增值税（进）					8	5	0	0	0	0											
	应付票据	新科公司														5	8	5	0	0	0	0	
合计					¥	5	8	5	0	0	0	0			¥	5	8	5	0	0	0	0	

附件 3 张

会计主管：王璐　　记账：李一　　复核：夏琳　　出纳：　　制证：李一

三、总账

天星股份有限公司 2015 年 12 月的期初余额表和本期发生额科目汇总表如表 2-2 和表 2-3 所示。请据此登记天星股份有限公司 2015 年 12 月的总分类账。

表 2-2　　天星股份有限公司期初余额表

科　目	2015 年 12 月	
	期 初 余 额	
	借　方	贷　方
库存现金	10 000.00	
银行存款	2 380 000.00	
应收账款	520 000.00	
原材料	285 000.00	

续表

科　目	2015年12月	
	期初余额	
	借　方	贷　方
生产成本	604 010.00	
库存商品	64 528.00	
固定资产	95 000 000.00	
累计折旧		23 237 716.00
短期借款		500 000.00
应付票据		6 600 000.00
应付账款		7 200 000.00
应交税费		58 422.00
应付职工薪酬		320 000.00
实收资本		18 500 000.00
资本公积		10 247 400.00
盈余公积		5 200 000.00
本年利润		10 000 000.00
利润分配		17 000 000.00
合　计	98 863 538.00	98 863 538.00

表2-3　　　　天星股份有限公司科目汇总表

科　目	2015年12月	
	本期发生额	
	借　方	贷　方
库存现金	12 350.00	12 350.00
银行存款	3 071 497.44	4 568 258.00
应收票据	17 550.00	
应收账款	1 128 187.00	154 590.00
预付账款	234 000.00	
其他应收款	1 600.00	1 600.00
材料采购	1 740 000.00	1 640 000.00
原材料	2 070 000.00	1 348 000.00
生产成本	2 044 344.80	1 829 022.90
库存商品	1 829 022.90	1 620 936.00
工程物资	702 000.00	
在建工程	92 000.00	63 500.00
固定资产	5 828 000.00	6 520 000.00
累计折旧	1 120 000.00	190 000.00
短期借款	500 000.00	30 000.00
应付票据		561 600.00

续表

科　　目	2015年12月	
	本期发生额	
	借　　方	贷　　方
应付账款	503 100.00	903 900.00
预收账款		100 000.00
其他应付款	57 000.00	57 000.00
应交税费	434 122.00	951 359.53
应付职工薪酬	547 450.00	547 500.00
实收资本		760 400.00
资本公积		2 800 000.00
盈余公积	500 000.00	2 220 630.78
本年利润	13 440 250.00	3 440 250.00
利润分配	11 103 153.88	16 654 730.81
主营业务收入	3 328 000.00	3 328 000.00
其他业务收入	64 000.00	64 000.00
营业外收入	48 250.00	48 250.00
主营业务成本	1 663 741.60	1 663 741.60
其他业务成本	45 600.00	45 600.00
营业税金及附加	20 015.90	20 015.90
管理费用	157 782.2	157 782.20
销售费用	35 000.00	35 000.00
财务费用	16 671.80	16 671.80
营业外支出	30 300.00	30 300.00
所得税费用	367 984.63	367 984.63
制造费用	654 365.30	654 365.30
合　　计	53 407 339.45	53 407 339.45

任务四　报表实训

任务引入

本任务给出了天星股份有限公司201×年12月31日的期末余额表和201×年12月的损益类科目发生额表，请据此分别编制天星股份有限公司的资产负债表和利润表。

相关训练

一、资产负债表

请根据天星股份有限公司201×年12月31日期末余额，如表2-4所示，编制资产负债表。

表2-4　　天星股份有限公司期末余额

科　　目	借　　方	贷　　方
库存现金	10 000.00	

续表

科　目	借　方	贷　方
银行存款	883 239.44	
应收票据	17 550.00	
应收账款	1 493 597.00	
预付账款	234 000.00	
材料采购	100 000.00	
原材料	1 007 000.00	
生产成本	819 331.90	
库存商品	272 614.90	
工程物资	702 000.00	
在建工程	28 500.00	
固定资产	94 308 000.00	
累计折旧		22 307 716.00
短期借款		30 000.00
应付票据		7 161 600.00
应付账款		7 600 800.00
预收账款		100 000.00
应交税费		575 659.53
应付职工薪酬		320 050.00
实收资本		19 260 400.00
资本公积		13 047 400.00
盈余公积		6 920 630.78
利润分配		22 551 576.93
合　计	99 875 833.24	99 875 833.24

二、利润表

请根据天星股份有限公司 201×年 12 月的损益类科目发生额，如表 2-5 所示，编制利润表。

表 2-5　　天星股份有限公司损益类科目发生额

科　目	借　方	贷　方
主营业务收入		3 328 000.00
其他业务收入		64 000.00
营业外收入		48 250.00
主营业务成本	1 663 741.60	
其他业务成本	45 600.00	
营业税金及附加	20 015.90	
管理费用	157 782.20	
销售费用	35 000.00	
财务费用	16 671.80	
营业外支出	30 300.00	
所得税费用	367 984.63	

项目三

综合模拟实训

【学习目标】

- 熟悉会计工作规范。
- 掌握科目汇总表账务处理程序。
- 掌握会计核算流程。

任务引入

根据实训资料给出的原始凭证登记宏达机械厂 2015 年 12 月的记账凭证；根据记账凭证分别登记宏达机械厂 2015 年 12 月的日记账、明细账、总账；根据相关账簿编制宏达机械厂 2015 年 12 月的资产负债表和利润表。

实训资料

一、企业组织结构

宏达机械厂设有厂部办公室、销售科、财会科、供应科、三个基本生产车间、两个辅助生产车间等组织机构。三个基本生产车间即一车间、二车间和三车间，按工序对甲、乙两种产品进行生产，最后形成产成品。两个辅助车间即机修车间和运输车间。机修车间为基本生产和企业管理部门提供修理修配劳务；运输车间为基本生产和企业管理部门提供运输劳务。

二、企业生产流程

企业生产流程如图 3-1 所示。

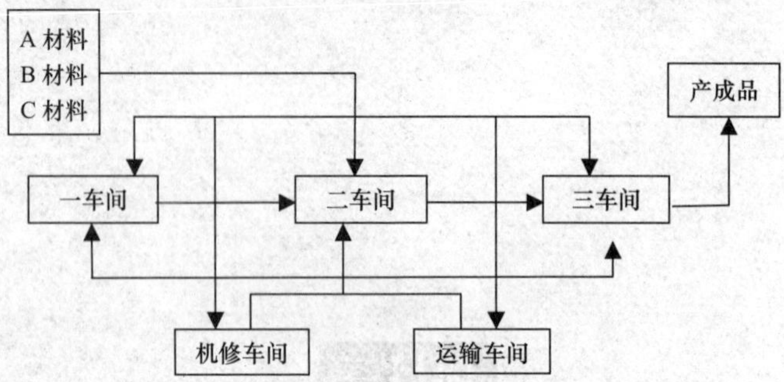

图 3-1　企业生产流程

三、企业基本会计制度

（1）会计科目采用财政部统一颁布的会计科目。

（2）库存现金限额 6 000 元。

（3）存货按实际成本核算。

（4）辅助生产成本按受益对象采用直接分配法。

（5）制造费用按生产车间设置明细账，在甲、乙产品之间进行分配。

（6）固定资产折旧采用直线法。

（7）宏达机械厂为一般纳税人，按 17%缴纳增值税，按 25%计算缴纳所得税。

（8）采用科目汇总表账务处理程序，流程如图 3-2 所示。

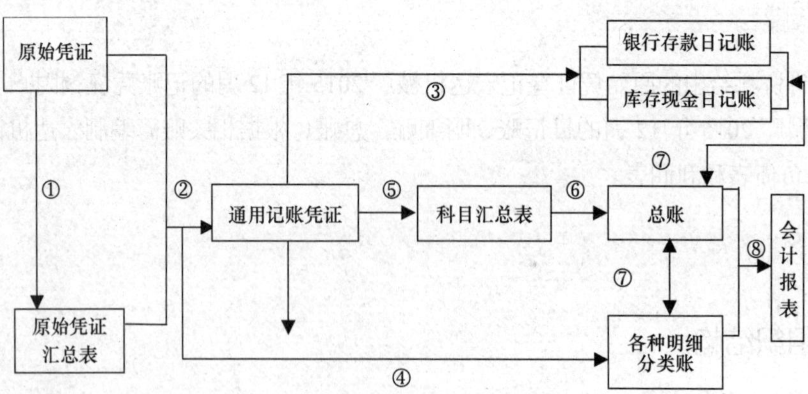

图 3-2　科目汇总表账务处理程序流程

（9）记账凭证采用通用记账凭证，按经济业务的顺序编号。

（10）开设日记账、明细账、总账，并据以编制资产负债表和损益表，对企业进行财务分析。

说明：为简化核算，期初无在产品资料，本月生产的产品本月全部完工入库。不同批次购进的材料单价相同；月初结存商品的单位成本与本月完工商品的单位成本相同。

四、企业期初报表

企业期初报表实例如表 3-1 和表 3-2 所示。

表 3-1　　宏达机械厂总分类账及明细账期初余额表

会计科目	借或贷	金额		会计科目	借或贷	金额	
		总账	明细账			总账	明细账
库存现金	借	6 000		短期借款——工商银行	贷	500 000	
银行存款	借	1 380 000		应付票据	贷	660 000	
其他货币资金——汇票	借	102 000		东湖公司	贷		300 000
应收账款	借	520 000		潘达公司	贷		220 000
商之都	借		200 000	锦湖公司	贷		140 000
华誉公司	借		320 000	应付账款	贷	720 000	
坏账准备	贷	2 600		惠民公司	贷		351 000
在途物资	借	200 000		昌盛公司	贷		230 000
华为公司	借		200 000				
原材料	借	1 285 000		宝昌公司	贷		119 000
A 材料	借		480 000	珠海公司	贷		20 000
B 材料	借		475 000	应交税费	贷	59 492	
C 材料	借		330 000	应交增值税	贷		50 000
库存商品	借	434 155.4		应交营业税	贷		5 600
甲产品	借		333 417	应交城建税	贷		3 892
乙产品	借		100 738.4	应付职工薪酬	贷	120 000	
固定资产	借	95 000 000		工会经费			65 000
房屋及建筑物	借		43 000 000	职工教育经费			55 000
机器设备	借		40 000 000	应付利息——工商银行		15 000	
其他	借		12 000 000	实收资本——宏达机械厂		18 770 140	
累计折旧	贷	33 237 716		资本公积		8 700 000	
房屋及建筑物	贷		23 000 000	资本溢价			4 300 000
机器设备	贷		7 200 716	其他资本公积			4 400 000
其他	贷		3 037 000	盈余公积		5 200 000	
固定资产减值准备	贷	4 202 207.4		法定盈余公积			5 200 000
房屋及建筑物	贷		3 102 207.4	本年利润			

续表

会计科目	借或贷	金额		会计科目	借或贷	金额	
		总账	明细账			总账	明细账
机器设备	贷		867 000	利润分配——未分配利润		27 000 000	
其他	贷		233 000				
无形资产——专利权	借	60 000					
在建工程		200 000					
资产总计		61 744 632		权益合计		61 744 632	

表 3-2 存货期初资料表

项　目	数　量	单　价	金　额
A 材料	48 000	10	480 000
B 材料	95 000	5	475 000
C 材料	110 000	3	330 000
甲产品	1 050	317.54	333 417
乙产品	560	179.89	100 738.4

相关训练

（1）购入材料，货款已付，材料尚未入库。

1-1

22400035632　　**山东省增值税专用发票**　　№ 634907

山东

发票联

开票日期：2015年12月01日

税总函〔2015〕7号中钞光华印制有限公司

购货单位	名　　称：宏达机械厂 纳税人识别号：510103336512488 地址、电话：蒙城北路122号 2672618 开户行及账号：工行宿州路支行 234568912					密码区	略
货物或应税劳务名称	规格型号	单位	数量	单价	金额	税率	税额
A材料 B材料		千克 千克	2000 6000	10.00 5.00	20000.00 30000.00	17% 17%	3400.00 5100.00
合　计					¥50000.00		¥8500.00
价税合计（大写）	伍万捌仟伍佰元整					（小写）	¥58500.00
销货单位	名　　称：东湖有限公司 纳税人识别号：534776690712388 地址、电话：荷花路326号 41143303 开户行及账号：工行南山路支行 142458963					备注	东湖有限公司 534776690712388 发票专用章

收款人：　　复核：　　开票人：　　销货单位：（章）

第二联：发票联　购货方记账凭证

1-2

22400035632　　**山东省增值税专用发票**　　№ 634907

抵扣联

开票日期: 2015年12月01日

购货单位	名称: 宏达机械厂 纳税人识别号: 510103336512488 地址、电话: 蒙城北路122号 2672618 开户行及账号: 工行宿州路支行 234568912				密码区	略		
货物或应税劳务名称	规格型号	单位	数量	单价	金额	税率	税额	
A材料		千克	2000	10.00	20000.00	17%	3400.00	
B材料		千克	6000	5.00	30000.00	17%	5100.00	
合　计					¥50000.00		¥8500.00	
价税合计（大写）	伍万捌仟伍佰元整				（小写）¥58500.00			
销货单位	名称: 东湖有限公司 纳税人识别号: 534776690712388 地址、电话: 荷花路326号 41143303 开户行及账号: 工行南山路支行 142458963				备注			

收款人:　　复核:　　开票人:　　销货单位:（章）

税总函〔2015〕7号中钞光华印制有限公司

第三联：抵扣联　购货方抵扣税款凭证

1-3

中国工商银行
转账支票存根（皖）
Ⅶ Ⅵ00607931

科　　目 ______________

对方科目 ______________

出票日期 2015 年 12 月 1 日

收款人：东湖有限公司
金额：¥58500.00
用途：购料

单位主管　　会计

1-4

中国工商银行进账单（受理证明）

2015 年 12 月 1 日

出票人	全　称	宏达机械厂	收款人	全　称	东湖有限公司
	账　号	234568912		账　号	142458963
	开户银行	工行宿州路支行		开户银行	工行南山路支行

人民币（大写）伍万捌仟伍佰元整	亿	千	百	十	万	千	百	十	元	角	分
				¥	5	8	5	0	0	0	0

票据种类	转账支票
票据张数	1张
单位主管：　会计：	
复核：　记账：	工商银行宿州路支行 2015.12.01 转讫　银行盖章

（此联是银行交给付款人的付款通知）

（2）上月购入的材料，本月入库。

收　料　单

发票号数 634907 （华为公司）　　2015 年 12 月 2 日　　编号：20091201001

名称及规格	单　位	数　量	金　额
原材料——A 材料	千克	10 000	100 000.00
合　计			

交财务部门记账

财务主管：　　记账：　　保管部门主管：　　验收：董青青　　制单：

（3）从银行取得短期借款。

借款凭证第四联（回单）

2015 年 12 月 2 日

借款单位	宏达机械厂	贷款户账号 35789-32
		存款户账号 234568912
借款金额	人民币（大写）叁拾万元整	金额 ¥ 3 0 0 0 0 0 0
借款用途	流动资金借款	约定偿还日期 2016 年 3 月 3 日
上列款项已核准发放，并已转入你单位账户。（银行签章）		备注

工商银行宿州路支行 2015.12.02 转讫

（4）支付个人借款。

借　　据

2015 年 12 月 2 日

借款人	张蕾	借款原因	差旅费
借款金额（大写）	人民币贰仟元整	¥ 2000.00	
还款计划			
领导批示 虞晓平	虞晓平 2015.12.2	借款人签字：张　蕾	张蕾

主管：　　经手：　　财会：

（5）提现。

中国工商银行

现金支票存根（皖）

Ⅶ Ⅵ00607933

科　　目 ____________

对方科目 ____________

出票日期 2015 年 12 月 2 日

收款人：宏达机械厂
金额：¥ 7850.00
用途：提现

单位主管　　会计

宏达机械厂 财务专用章

（6）购入材料，款已付，材料未入库。

6-1

22400035632 **江苏省增值税专用发票** №734947

发票联

开票日期：2015年12月03日

购货单位	名称：宏达机械厂 纳税人识别号：510103336512488 地址、电话：蒙城北路122号 2672618 开户行及账号：工行宿州路支行 234568912				密码区	略	
货物或应税劳务名称	规格型号	单位	数量	单价	金额	税率	税额
C材料		千克	10000	3.00	30000.00	17%	5100.00
合计					¥30000.00		¥5100.00
价税合计（大写）	叁万伍仟壹佰元整				（小写）¥35100.00		
销货单位	名称：丹阳机械总厂 纳税人识别号：223982001635678 地址、电话：岭南路106号 3056059 开户行及账号：工行蚌山路支行 34586230				备注		

收款人： 复核： 开票人： 销货单位：（章）

税总函〔2015〕7号中钞光华印制有限公司

第二联：发票联 购货方记账凭证

6-2

22400035632 **江苏省增值税专用发票** №734947

抵扣联

开票日期：2015年12月03日

购货单位	名称：宏达机械厂 纳税人识别号：510103336512488 地址、电话：蒙城北路122号 2672618 开户行及账号：工行宿州路支行 234568912				密码区	略	
货物或应税劳务名称	规格型号	单位	数量	单价	金额	税率	税额
C材料		千克	10000	3.00	30000.00	17%	5100.00
合计					¥30000.00		¥5100.00
价税合计（大写）	叁万伍仟壹佰元整				（小写）¥35100.00		
销货单位	名称：丹阳机械总厂 纳税人识别号：223982001635678 地址、电话：岭南路106号 3056059 开户行及账号：工行蚌山路支行 34586230				备注		

收款人： 复核： 开票人： 销货单位：（章）

税总函〔2015〕7号中钞光华印制有限公司

第三联：抵扣联 购买方抵扣税款凭证

6-3

中国工商银行

转账支票存根（皖）

Ⅶ Ⅵ00607931

科　　目 ______________

对方科目 ______________

出票日期 2015 年 12 月 3 日

收款人：丹阳机械总厂
金额：¥ 35100.00
用途：购料

单位主管　　　　会计

宏达机械厂 财务专用章

6-4

中国工商银行进账单（受理证明）

2015 年 12 月 3 日

<table>
<tr><td rowspan="3">出票人</td><td>全　称</td><td>宏达机械厂</td><td rowspan="3">收款人</td><td colspan="3">全　称</td><td colspan="8">丹阳机械总厂</td></tr>
<tr><td>账　号</td><td>234568912</td><td colspan="3">账　号</td><td colspan="8">34586230</td></tr>
<tr><td>开户银行</td><td>工行宿州路支行</td><td colspan="3">开户银行</td><td colspan="8">工行蚌山路支行</td></tr>
<tr><td colspan="3" rowspan="2">人民币（大写）叁万伍仟壹佰元整</td><td rowspan="2"></td><td>亿</td><td>千</td><td>百</td><td>十</td><td>万</td><td>千</td><td>百</td><td>十</td><td>元</td><td>角</td><td>分</td></tr>
<tr><td></td><td></td><td></td><td>¥</td><td>3</td><td>5</td><td>1</td><td>0</td><td>0</td><td>0</td><td>0</td></tr>
<tr><td colspan="2">票据种类</td><td>转账支票</td><td colspan="12" rowspan="3">工商银行宿州路支行
2015.12.03
转讫
银行盖章</td></tr>
<tr><td colspan="2">票据张数</td><td>1 张</td></tr>
<tr><td colspan="3">单位主管：　　会计：
复核：　　记账：</td></tr>
</table>

（此联是银行交给付款人的付款通知）

（7）本月 1 日购入的材料验收入库。

收　料　单

发票号数 634907　　　　2015 年 12 月 4 日　　　　编号：20091201002

名称及规格	单　位	数　量	单　价	金　额
原材料——A 材料	千克	2 000	10.00	20 000.00
原材料——B 材料		6 000	5.00	30 000.00
合　计	千克	8 000		50 000.00

交财务部门记账

财务主管：　　记账：　　保管部门主管：　　验收：董青青　　制单：

（8）预付购货款。

中国工商银行　信汇凭证（回单）　1

委托日期：2015 年 12 月 4 日

汇款人	全　称	宏达机械厂	收款人	全　称	瑞丰公司
	账　号	234568912		账　号	4354220023
	汇出地点	安徽省　合肥　市/县		汇入地点	江苏省　南京　市/县
汇出行名称		工行宿州路支行	汇入行名称		中国银行中山路分理处

金额	亿	千	百	十	万	千	百	十	元	角	分
人民币（大写）壹拾伍万元整			¥	1	5	0	0	0	0	0	0

	支付密码
工商银行宿州路支行 2015.12.04 转讫　　汇出行签章	附加信息及用途： 预付货款 复核　　记账

此联汇出行给汇款人的回单

（9）销售产品，货款已收。

9-1

1243548922　　**安徽省增值税专用发票**　　№ 03893340

（全国统一发票监制章　安徽　国家税务总局监制）

记账联

开票日期：2015年12月05日

购货单位	名　称：上海百货公司 纳税人识别号：220106547899065 地址、电话：中华路302号　021-28903248 开户行及账号：工行中华路支行 9087409912	密码区	略				
货物或应税劳务名称	规格型号	单位	数量	单价	金额	税率	税额
甲产品		台	1000	500.00	500000.00	17%	85000.00
合　计					¥500000.00		¥85000.00
价税合计（大写）	伍拾捌万伍仟元整				（小写）¥585000.00		
销货单位	名　称：宏达机械厂 纳税人识别号：510103336512488 地址、电话：蒙城北路122号 0551-2612718 开户行及账号：工行宿州路支行 234568912	备注	宏达机械厂 510103336512488 发票专用章				

收款人：刘水　　复核：　　开票人：张昭　　销货单位：（章）

税总函〔2015〕7号中钞光华印制有限公司

第四联：记账联　售货方记账凭证

9-2

中国工商银行 进账单（回单） 1

2015 年 12 月 5 日

收款人	全 称	宏达机械厂	付款人	全 称	上海百货公司
	账 号	234568912		账 号	9087409912
	开户银行	工行宿州路支行		开户银行	工行中华路支行

金额	人民币（大写）伍拾捌万伍仟元整	亿	千	百	十	万	千	百	十	元	角	分
				¥	5	8	5	0	0	0	0	0

票据种类	转账支票	工商银行宿州路支行 2015.12.05 转讫
票据张数	1 张	
复核 记账		开户银行盖章

此联是开户银行交给持（出）票人的回单

（10）销售商品，货款未收。

10-1

1243548922　　安徽省增值税专用发票　　№ 03893650

记账联

开票日期：2015年12月05日

购货单位	名 称：南京百货公司 纳税人识别号：2457980999235 地址、电话：南京路125号 5088765 开户行及账号：建行南京路支行 9087409912			密码区	略		
货物或应税劳务名称	规格型号	单位	数量	单价	金额	税率	税额
甲产品		台	2000	500.00	1000000.00	17%	170000.00
合 计					¥1000000.00		¥170000.00
价税合计（大写）	壹佰壹拾柒万元整				（小写）¥1170000.00		
销货单位	名 称：宏达机械厂 纳税人识别号：510103336512488 地址、电话：蒙城北路122号 0551-2612718 开户行及账号：工行宿州路支行 234568912			备注	宏达机械厂 510103336512488 发票专用章		

收款人：刘水　　复核：　　开票人：　　销货单位：（章）

税总函〔2015〕7号中钞光华印制有限公司

第四联：记账联 售货方记账凭证

10-2

托收凭证（受理回单）　1

委托日期：2015 年 12 月 5 日

<table>
<tr><td>业务类型</td><td colspan="9">委托收款（☐邮划、☐电划）　　托收承付（☐邮划、☐电划）</td></tr>
<tr><td rowspan="3">付款人</td><td>全称</td><td colspan="3">南京百货公司</td><td rowspan="3">收款人</td><td>全称</td><td colspan="3">宏达机械厂</td></tr>
<tr><td>账号</td><td colspan="3">9087409912</td><td>账号</td><td colspan="3">9087409912</td></tr>
<tr><td>地址</td><td>江苏省
南京　市/县</td><td>开户行</td><td>建行南京路支行</td><td>地址</td><td>安徽省
合肥　市/县</td><td>开户行</td><td>工行宿州路支行</td></tr>
<tr><td>金额</td><td colspan="5">人民币（大写）壹佰壹拾柒万元整</td><td colspan="4">亿 千 百 十 万 千 百 十 元 角 分
　 ¥ 1 1 7 0 0 0 0 0 0</td></tr>
<tr><td>款项内容</td><td colspan="2"></td><td>托收凭据名称</td><td colspan="2"></td><td colspan="3">附寄单证张数</td><td></td></tr>
<tr><td colspan="2">商品发运情况</td><td colspan="4">商品已发出</td><td colspan="3">合同名称号码</td><td>0321</td></tr>
<tr><td colspan="3">备注：

复核　　　　记账</td><td colspan="3">款项收妥日期：

年　月　日</td><td colspan="4">收款人开户银行签章
年　月　日</td></tr>
</table>

此联作收款人开户银行给收款人的受理回单

（11）支付罚款。

中华人民共和国

税收通用缴款书

隶属关系：

注册类型：　　　　填开日期：2015 年 12 月 5 日　　　　征收机关：合肥市地税局

<table>
<tr><td rowspan="4">缴款单位</td><td>代码</td><td colspan="2">510103336512488</td><td rowspan="4">预算科目</td><td>编码</td><td colspan="2">8005</td></tr>
<tr><td>全程</td><td colspan="2">宏达机械厂</td><td>名称</td><td colspan="2">城建税</td></tr>
<tr><td>开户银行</td><td colspan="2">工行宿州路支行</td><td>级次</td><td colspan="2"></td></tr>
<tr><td>账号</td><td colspan="2">234568912</td><td>收缴国库</td><td colspan="2">国家金库阜阳路支库</td></tr>
<tr><td colspan="4">税款所属日期 2015 年 11 月 1 日至 2015 年 11 月 30 日</td><td colspan="4">税款限缴日期 2015 年 12 月 10 日</td></tr>
<tr><td colspan="2">品目名称</td><td>课税数量</td><td>计税金额</td><td>税率或单位税额</td><td>已缴或扣除额</td><td colspan="2">实缴税额</td></tr>
<tr><td colspan="2">滞纳金</td><td></td><td></td><td></td><td></td><td colspan="2">1 800.00</td></tr>
<tr><td colspan="6">合计金额（大写）壹仟捌佰元整</td><td colspan="2">¥ 1 800.00</td></tr>
<tr><td colspan="2">缴款单位（盖章）
宏达机械厂 财务专用章</td><td colspan="2">税务机关（盖章）
合肥市地税局 税务专用章</td><td colspan="3">上列款项已经收妥并划转收款单位账户
工商银行宿州路支行 2015.12.05 转讫
国库（银行）盖章　　年　月　日</td><td>备注</td></tr>
</table>

逾期不缴按税法规定加收滞纳金。

（12）支付广告费。

12-1

合肥市服务业、娱乐业、文化体育业专用发票

发　票　联

密码

PASSWORD

税务登记号:　　　　　　　　　　　　　　　　发票号　211505010265088976

TAX　REGISTRY NO.　110108400013905234　　INVOICE NO.

收款单位：合肥电视台

PAYEE

付款单位（个人）：宏达机械厂

PAYER

经营项目 SERVICE ITEM	金额 AMOUNT CHARGED
广告费	25 000.00
金额合计（人民币大写）贰万伍仟元整 TOTAL IN CAPITAL	
机打票号：201603030264388012 PRINTING NO.	税控装置号：0000032366 RECEICER NO.
税控装置仿伪码:6EEC808 AB1300EB08 ANTI-FORGERY CODE	开票日期：2015 年 12 月 5 日 DATEISSUED

收款单位（盖章有效）　　　　　　　　　　税控装置打印发票手开无效

PAREE（SEAL）　　　　　　　　　　PRINTED BY RECEIVER,HAND-WRITING INVALID

12-2

中国工商银行

转账支票存根（皖）

Ⅶ　Ⅵ00607931

科　　目 ________________

对方科目 ________________

出票日期 2015 年 12 月 5 日

收款人：合肥电视台
金额：￥25000.00
用途：支付广告费

单位主管　　　　　会计

12-3

中国工商银行进账单（受理证明）

2015 年 12 月 5 日

<table>
<tr><td rowspan="3">出票人</td><td>全称</td><td>宏达机械厂</td><td rowspan="3">收款人</td><td>全　称</td><td colspan="11">合肥电视台</td></tr>
<tr><td>账号</td><td>234568912</td><td>账号</td><td colspan="11">789439034</td></tr>
<tr><td>开户银行</td><td>工行宿州路支行</td><td>开户银行</td><td colspan="11">工行桐城路支行</td></tr>
<tr><td colspan="3" rowspan="2">人民币（大写）贰万伍仟元整</td><td rowspan="2"></td><td>亿</td><td>千</td><td>百</td><td>十</td><td>万</td><td>千</td><td>百</td><td>十</td><td>元</td><td>角</td><td>分</td></tr>
<tr><td></td><td></td><td></td><td>¥</td><td>2</td><td>5</td><td>0</td><td>0</td><td>0</td><td>0</td><td>0</td></tr>
<tr><td colspan="2">票据种类</td><td>转账支票</td><td colspan="12" rowspan="3">工商银行宿州路支行
2015.12.05
转讫
开户银行盖章</td></tr>
<tr><td colspan="2">票据张数</td><td>1 张</td></tr>
<tr><td colspan="3">单位主管：　　会计：
复核：　　记账：</td></tr>
</table>

（此联是银行交给付款人的付款通知）

（13）购入设备，款已付，设备已投入使用。

13-1

1243548922　　上海市增值税专用发票　　№ 04423784

上海

发票联

开票日期：2015年12月05日

<table>
<tr><td>购货单位</td><td colspan="4">名　　称：宏达机械厂
纳税人识别号：510103336512488
地 址 、 电 话：蒙城北路122号 0551-2612718
开户行及账号：工行宿州路支行 234568912</td><td>密码区</td><td colspan="3">略</td></tr>
<tr><td colspan="2">货物或应税劳务名称</td><td>规格型号</td><td>单位</td><td>数量</td><td>单价</td><td>金额</td><td>税率</td><td>税额</td></tr>
<tr><td colspan="2">机床</td><td></td><td>台</td><td>1</td><td>60000.00</td><td>60000.00</td><td>17%</td><td>10200.00</td></tr>
<tr><td colspan="2">合　　计</td><td></td><td></td><td></td><td></td><td>¥60000.00</td><td></td><td>¥10200.00</td></tr>
<tr><td colspan="2">价税合计（大写）</td><td colspan="7">柒万零贰佰元整　　（小写）¥70200.00</td></tr>
<tr><td>销货单位</td><td colspan="4">名　　称：上海机床厂
纳税人识别号：23087050334817
地 址 、 电 话：浦东开发区 56581889
开户行及账号：工行中华路分理处 080031</td><td>备注</td><td colspan="3">上海机床厂
23087050334817
发票专用章</td></tr>
</table>

收款人：刘水　　复核：　　开票人：张晗　　销货单位：（章）

税总函〔2015〕7号中钞光华印制有限公司

第二联：发票联　购货方记账凭证

13-2

1243548922　　**上海市增值税专用发票**　　№ 04423784

上海

抵扣联

开票日期: 2015年12月05日

购货单位	名　　称: 宏达机械厂 纳税人识别号: 510103336512488 地 址 、电 话: 蒙城北路122号 0551-2612718 开户行及账号: 工行宿州路支行				密码区	略	
货物或应税劳务名称	规格型号	单位	数量	单价	金额	税率	税额
机床		台	2	30000.00	60000.00	17%	10200.00
合　　计					¥60000.00		¥10200.00
价税合计（大写）	柒万零贰佰元整					（小写）	¥70200.00
销货单位	名　　称: 上海机床厂 纳税人识别号: 23087050334817 地 址 、电 话: 浦东开发区 56581889 开户行及账号: 工行中华路分理处 080031				备注	上海机床厂 23087050334817 发票专用章	

收款人: 刘水　　复核:　　开票人: 张昭　　销货单位: （章）

税总函［2015］7号中钞光华印制有限公司

第三联：抵扣联　购买方抵扣税款凭证

13-3

中国工商银行　电汇凭证（回单）　1

□普通　□加急　　　委托日期: 2015 年 12 月 5 日

汇款人	全　　称	宏达机械厂	收款人	全　　称	上海机床厂
	账　　号	234568912		账　　号	080031
	汇出地点	安徽省合肥市/县		汇入地点	上海市　　市/县
汇出行名称		工行宿州路支行	汇入行名称		工行中华路分理处

金额	亿	千	百	十	万	千	百	十	元	角	分
（大写）人民币柒万零贰佰元整				¥	7	0	2	0	0	0	0

支付密码	
工商银行宿州路支行 2015.12.05 转讫 汇出行签章	附加信息及用途: 复核　　记账

此联汇出行给汇款人的回单

13-4

固定资产验收交接单

2015 年 12 月 5 日

资产编号	资产名称	资产型号	计量单位	数量	设备价值	安装费用	其他费用	合计
	机床		台	1	60000	0		60000
资产来源		外购		使用年限	10	主要附属设备	1.	
制造商				估计残值	3000.00		2.	
制造日期				折旧率	1%		3.	
使用部门		生产车间					4.	

交验部门：　　点交人：　　接受部门：　　接管人：王　路

（14）支付上月增值税、营业税、城市维护建设税。

14-1

中华人民共和国
税收通用缴款书

隶属关系：

注册类型：　　填开日期：2015 年 12 月 5 日　　征收机关：合肥市地税局

缴款单位	代　码	510103336512488	预算科目	编　码	1005
	全　程	宏达机械厂		名　称	增值税
	开户银行	工行宿州路支行		级　次	
	账　号	234568912		收缴国库	国家金库阜阳路支库

税款所属日期 2015 年 11 月 1 日至 2015 年 11 月 30 日			税款限缴日期 2015 年 12 月 10 日		
品目名称	课税数量	计税金额	税率或单位税额	已缴或扣除额	实缴税额
增值税					50000.00
合计金额（大写）伍万元整					¥ 50000.00
缴款单位（盖章）	税务机关（盖章）	上列款项已经收妥并划转收款单位账户 国库（银行）盖章　年　月　日		备注	

逾期不缴按税法规定加收滞纳金。

14-2

中华人民共和国
税收通用缴款书

隶属关系：

注册类型：　　填开日期：2015年12月5日　　征收机关：合肥市地税局

缴款单位	代码	510103336512488	预算科目	编码	8005
	全程	宏达机械厂		名称	营业税
	开户银行	工行宿州路支行		级次	
	账号	234568912		收缴国库	国家金库阜阳路支库
税款所属日期 2015年11月1日至2015年11月30日			税款限缴日期 2015年12月10日		
品目名称	课税数量	计税金额	税率或单位税额	已缴或扣除额	实缴税额
营业税			工商银行宿州路支行		5600.00
合计金额（大写）伍仟陆佰元整			2015.12.05		¥5600.00
缴款单位（盖章） 宏达机械厂 财务专用章	税务机关（盖章） 合肥市地税局 税务专用章		上列款项已经收妥并划转收款单位账户 国库（银行）盖章 转讫 年　月　日		备注

逾期不缴按税法规定加收滞纳金。

14-3

中华人民共和国
税收通用缴款书

隶属关系：

注册类型：　　填开日期：2015年12月5日　　征收机关：合肥市地税局

缴款单位	代码	510103336512488	预算科目	编码	5005
	全程	宏达机械厂		名称	城建税
	开户银行	工行宿州路支行		级次	
	账号	234568912		收缴国库	国家金库阜阳路支库
税款所属日期 2015年11月1日至2015年11月30日			税款限缴日期 2015年12月10日		
品目名称	课税数量	计税金额	税率或单位税额	已缴或扣除额	实缴税额
城建税			工商银行宿州路支行		3892.00
合计金额（大写）叁仟捌佰玖拾贰元整			2015.12.05		¥3892.00
缴款单位（盖章） 宏达机械厂 财务专用章	税务机关（盖章） 合肥市地税局 税务专用章		上列款项已经收妥并划转收款单位账户 国库（银行）盖章 转讫 年　月　日		备注

逾期不缴按税法规定加收滞纳金。

（15）购入材料，材料未入库，开出商业汇票。

15-1

税总函〔2015〕7号中钞光华印制有限公司

22400035632　　**山西省增值税专用发票**　　№ 234107

发票联

开票日期：2015年12月06日

购货单位	名　　称：宏达机械厂 纳税人识别号：510103336512488 地址、电话：蒙城北路122号 2672618 开户行及账号：工行宿州路支行 234568912				密码区	略		
货物或应税劳务名称		规格型号	单位	数量	单价	金额	税率	税额
A材料			千克	40000	10.00	4000000.00	17%	68000.00
合　计						¥400000.00		¥68000.00
价税合计（大写）		肆拾陆万捌仟元整				（小写）¥468000.00		
销货单位	名　　称：珠海有限公司 纳税人识别号：654336290712366 地址、电话：阜南路26号 2632036 开户行及账号：工行泰安支行 143758862				备注			

收款人：　　复核：　　开票人：　　销货单位：（章）

第二联：发票联　购货方记账凭证

15-2

税总函〔2015〕7号中钞光华印制有限公司

22400035632　　**山西省增值税专用发票**　　№ 234107

抵扣联

开票日期：2015年12月06日

购货单位	名　　称：宏达机械厂 纳税人识别号：510103336512488 地址、电话：蒙城北路122号 2672618 开户行及账号：工行宿州路支行 234568912				密码区	略		
货物或应税劳务名称		规格型号	单位	数量	单价	金额	税率	税额
A材料			千克	40000	10.00	400000.00	17%	68000.00
合　计						¥400000.00		¥68000.00
价税合计（大写）		肆拾陆万捌仟元整				（小写）¥468000.00		
销货单位	名　　称：珠海有限公司 纳税人识别号：654336290712366 地址、电话：阜南路26号 2632036 开户行及账号：工行泰安支行 143758862				备注			

收款人：　　复核：　　开票人：　　销货单位：（章）

第三联：抵扣联　购买方抵扣税款凭证

15-3

商业承兑汇票　1

出票日期：2015 年 12 月 6 日　　　汇票号码

<table>
<tr><td rowspan="3">收款人</td><td>全　称</td><td>珠海有限公司</td><td rowspan="3">付款人</td><td>全　称</td><td colspan="3">宏达机械厂</td></tr>
<tr><td>账　号</td><td>143758862</td><td>账　号</td><td colspan="3">234568912</td></tr>
<tr><td>开户银行</td><td>工行泰安支行</td><td>开户银行</td><td>工行宿州路支行</td><td>到期日</td><td>2016.03.06</td></tr>
</table>

出票金额人民币	亿	千	百	十	万	千	百	十	元	角	元
（大写）肆拾陆万捌仟元整			¥	4	6	8	0	0	0	0	0

出票人签章	备注：
工商银行宿州路支行 2015.12.06 转讫	

此联承兑人存查

（16）本月 3 日购入材料验收入库。

收　料　单

发票号数 734947　　　　2015 年 12 月 8 日　　　　编号：20091201003

名称及规格	单　位	数　量	单　价	金　额
原材料——C 材料	千克	10 000	3.00	30 000.00
合　计	千克	10 000	3.00	30 000.00

交财务部门记账

财务主管：　　记账：　　保管部门主管：　　验收：董青青　　制单：

（17）支付职工培训费。

安徽省财政厅监制章

合肥市行政事业性收费

（　　）统一收费收据（2015）　　　No.0613800

收款日期　2015 年 12 月 8 日

<table>
<tr><td>交款单位</td><td>宏达机械厂</td><td>结算方式</td><td colspan="8">现金</td></tr>
<tr><td rowspan="2">人民币（大写）</td><td colspan="2" rowspan="2">玖佰元整</td><td>十</td><td>万</td><td>千</td><td>百</td><td>十</td><td>元</td><td>角</td><td>分</td></tr>
<tr><td></td><td></td><td>¥</td><td>9</td><td>0</td><td>0</td><td>0</td><td>0</td></tr>
<tr><td colspan="2">收费项目</td><td>收费标准</td><td colspan="8">收费数量</td></tr>
<tr><td colspan="2">培训费</td><td></td><td colspan="8"></td></tr>
<tr><td>收费单位财务专用章
安徽省财政学校 财务专用章</td><td colspan="2">收款单位开户行：中行鼓楼支行
账号：302225739</td><td colspan="8">收款人：徐丽
交款人：财务</td></tr>
</table>

（18）购入材料，材料尚未入库，款未付。

18-1

22400035632　　**山西省增值税专用发票**　　№ 597012

山 西

发票联

开票日期：2015年12月08日

购货单位	名　　称：宏达机械厂 纳税人识别号：510103336512488 地 址 、 电 话：蒙城北路122号 2672618 开户行及账号：工行宿州路支行 234568912				密码区	略		
货物或应税劳务名称	规格型号	单位	数量	单价	金额	税率	税额	
A材料		千克	15000	10.00	150000.00	17%	25500.00	
合　计					￥150000.00		￥25500.00	
价税合计（大写）	壹拾柒万伍仟伍佰元整				（小写）￥175500.00			
销货单位	名　　称：珠海有限公司 纳税人识别号：654336290712366 地 址 、 电 话：阜南路26号 2632036 开户行及账号：工行泰安支行 143758862				备注			

收款人：　　复核：　　开票人：　　销货单位：（章）

税总函〔2015〕7号中钞光华印制有限公司

第二联：发票联　购货方记账凭证

珠海有限公司　654336290712366　发票专用章

18-2

22400035632　　**山西省增值税专用发票**　　№ 597012

山 西

抵扣联

开票日期：2015年12月08日

购货单位	名　　称：宏达机械厂 纳税人识别号：510103336512488 地 址 、 电 话：蒙城北路122号 2672618 开户行及账号：工行宿州路支行 234568912				密码区	略		
货物或应税劳务名称	规格型号	单位	数量	单价	金额	税率	税额	
A材料		千克	15000	10.00	150000.00	17%	25500.00	
合　计					￥150000.00		￥25500.00	
价税合计（大写）	壹拾柒万伍仟伍佰元整				（小写）￥175500.00			
销货单位	名　　称：珠海有限公司 纳税人识别号：654336290712366 地 址 、 电 话：阜南路26号 2632036 开户行及账号：工行泰安支行 143758862				备注			

收款人：　　复核：　　开票人：　　销货单位：（章）

税总函〔2015〕7号中钞光华印制有限公司

第三联：抵扣联　购买方抵扣税款凭证

珠海有限公司　654336290712366　发票专用章

（19）本月6日购入材料验收入库。

收　料　单

发票号数 234107　　　　2015年12月8日　　　　编号：20091201004

名称及规格	单　位	数　量	单　价	金　额
原材料——A材料	千克	40 000	10.00	400 000.00
合　计		40 000	10.00	400 000.00

交财务部门记账

财务主管：　　记账：　　保管部门主管：　　验收：董青青　　制单：

（20）购入无形资产。

20-1

全国统一发票监制章 河南省 国家税务总局监制

河南省郑州市商业发票

发　票　联

发票代码：141010626123

豫国税（261）发票号码：00778597

客户名称：宏达机械厂　　　　开票日期：2015年12月8日

货　号	品名规格	单　位	数　量	单　价	金　额
	非专利技术	项	1	80000.00	80000.00
合计人民币（大写）捌万元整		（小写）¥80000.00			

郑州市科研所 财务专用章

收款单位（盖章）　　开票人：张希　　收款人：赵梅

20-2

中国工商银行　电汇凭证（回单）　1

□普通　□加急　　　委托日期2015年12月8日

<table>
<tr><td rowspan="3">汇款人</td><td>全　称</td><td>宏达机械厂</td><td rowspan="3">收款人</td><td>全　称</td><td colspan="11">郑州市科研所</td></tr>
<tr><td>账　号</td><td>234568912</td><td>账　号</td><td colspan="11">8099679012</td></tr>
<tr><td>汇出地点</td><td>安徽省　合肥 市/县</td><td>汇入地点</td><td colspan="11">河南省　郑州　市/县</td></tr>
<tr><td colspan="2">汇出行名称</td><td>工行宿州路支行</td><td colspan="2">汇入行名称</td><td colspan="11">建行汉口路分离处</td></tr>
<tr><td rowspan="2">金额</td><td colspan="4" rowspan="2">人民币
（大写）捌万元整</td><td>亿</td><td>千</td><td>百</td><td>十</td><td>万</td><td>千</td><td>百</td><td>十</td><td>元</td><td>角</td><td>分</td></tr>
<tr><td></td><td></td><td></td><td>¥</td><td>8</td><td>0</td><td>0</td><td>0</td><td>0</td><td>0</td><td>0</td></tr>
<tr><td colspan="3" rowspan="2">工商银行宿州路支行
2015.12.08
转讫
汇出行签章</td><td colspan="2">支付密码</td><td colspan="11"></td></tr>
<tr><td colspan="13">附加信息及用途：

复核　　　　记账</td></tr>
</table>

此联汇出行给汇款人的回单

（21）支付修理费。

21-1

安徽省加工修理业专用发票

全国统一发票监制章 安徽省地方税务局监制

发票联

密码

PASSWORD

税务登记号：

TAX　REGISTRY NO.　　110108400013234

发票号　　211505010265088976

INVOICE NO.

收款单位：东方修理厂

PAYEE

付款单位（个人）：宏达机械厂

PAYER

经营项目 SERVICE ITEM	金额 AMOUNT CHARGED
修理费用　（生产车间）	7500.00
金额合计（人民币大写）柒仟伍佰元整 TOTAL IN CAPITAL	
机打票号：201303010254399032 PRINTING NO.	税控装置号：0000052308 RECEICER NO.
税控装置仿伪码:6EEC608 AB450EB08 ANTI-FORGERY CODE	开票日期：2015 年 12 月 8 日 DATEISSUED

东方修理厂 发票专用章

收款单位（盖章有效）

PAREE（SEAL）

税控装置打印发票手开无效

PRINTED BY RECEIVER,HAND-WRITING INVALID

21-2

中国工商银行

转账支票存根

支票号码　0034257

附加信息：

科　　目 ______________________

对方科目 ______________________

出票日期 2015 年 12 月 8 日

收款人：东方修理厂
金　额：7500.00
用　途：付修理费

宏达机械厂 财务专用章

单位主管　　　　　　会计

21-3

中国工商银行进账单（受理证明）

2015 年 12 月 8 日

出票人	全　称	宏达机械厂	收款人	全　称	东方修理厂
	账　号	234568912		账　号	457862309
	开户银行	工行宿州路支行		开户银行	工行宿州路支行

人民币（大写）柒仟伍佰元整	亿	千	百	十	万	千	百	十	元	角	分
					¥	7	5	0	0	0	0

票据种类	转账支票	工商银行宿州路支行 2015.12.08 转讫
票据张数	1 张	
单位主管：　会计：		
复核：　记账：		收款人开户银行盖章

（此联是银行交给付款人的付款通知）

（22）购入材料，材料已验收入库，款未付。

22-1

山东省增值税专用发票

22400035632　　　　发票联　　　　№ 430908

开票日期：2015年12月09日

购货单位	名　称：宏达机械厂 纳税人识别号：510103336512488 地址、电话：蒙城北路122号 2672618 开户行及账号：工行宿州路支行 234568912				密码区	略	
货物或应税劳务名称	规格型号	单位	数量	单价	金额	税率	税额
C材料		千克	30000	3.00	90000.00	17%	15300.00
合　计					¥90000.00		¥15300.00
价税合计（大写）	壹拾万零伍仟叁佰元整				（小写）¥105300.00		
销货单位	名　称：东湖有限公司 纳税人识别号：534776690712388 地址、电话：荷花路326号 41143303 开户行及账号：工行南山路支行 142458963				备注		

收款人：　　复核：　　开票人：　　销货单位：（章）

税总函〔2015〕7号中钞光华印制有限公司

第二联：发票联 购货方记账凭证

22-2

22400035632　　**山东省增值税专用发票**　　№ 430908

山东

抵扣联

开票日期：2015年12月09日

购货单位	名称：宏达机械厂 纳税人识别号：510103336512488 地址、电话：蒙城北路122号 2672618 开户行及账号：工行宿州路支行 234568912				密码区	略		
货物或应税劳务名称	规格型号	单位	数量	单价	金额	税率	税额	
C材料		千克	30000	3.00	90000.00	17%	15300.00	
合　计					¥90000.00		¥15300.00	
价税合计（大写）	壹拾万零伍仟叁佰元整				（小写）¥105300.00			
销货单位	名称：东湖有限公司 纳税人识别号：534776690712388 地址、电话：荷花路326号 41143303 开户行及账号：工行南山路支行 142458963				备注			

收款人：　　复核：　　开票人：　　销货单位：（章）

第三联：抵扣联　购买方抵扣税款凭证

税总函〔2015〕7号中钞光华印制有限公司

（印章：东湖有限公司 534776690712388 发票专用章）

22-3

收　料　单

发票号数 430908　　2015 年 12 月 9 日　　编号：20091201005

名称及规格	单　位	数　量	单　价	金　额
原材料——A 材料	千克	30 000	3.00	90 000.00
				董青青
合　计		30 000	3.00	90 000.00

交财务部门记账

（23）张蕾报销差旅费，余款退回。

23-1

宏达机械厂差旅费报销单

2015 年 12 月 10 日

报销部门	办公室	报销人	张蕾	预借金额	2000.00	报销金额							
						十	万	千	百	十	元	角	分
出差事由	开会						¥	1	9	0	0	0	0
报销金额（大写）	壹仟玖佰元整						¥	1	9	0	0	0	0
住宿费	车船费	交通费	伙食费	杂费		报销人签名							
1400.00	100.00	50.00	300.00	50.00		张　蕾							
经理审批	部门负责人审批		财务负责人审批			审核人							
黄生			张量										

财务凭证

23-2

宏达机械厂

缴还款单（代收入凭证）

事由	退回差旅费								
缴款人：张蕾		2015 年 12 月 10 日							
金额	壹佰元整	万	千	百	十	元	角	分	财务科留存
			¥	1	0	0	0	0	
收讫戳记	收款人签章	审核		缴款人签章			财务主管		
宏达机械厂 收讫				张蕾					

（24）从工行取得长期借款。

借款凭证第四联（回单）

2015 年 12 月 10 日

借款单位	宏达机械厂	贷款户账号 7837189-12											
		存款户账号 234568912											
借款金额	人民币（大写）叁佰万元整	金额											
				千	百	十	万	千	百	十	元	角	分
				¥	3	0	0	0	0	0	0	0	0
借款用途	基建借款	约定偿还日期	2018 年 6 月 10 日										
上列款项已核准发放，并已转入你单位账户。（银行签章）工商银行宿州路支行 2015.12.10 转讫		备注											

（25）支付本月网络使用费。

中国移动通信安徽有限公司
合肥分公司资费发票

（印章：全国统一发票监制章 安徽省地方税务局监制）

发票代码 234010941615
发票号码：　00395137

发票违章举报电话：5560786
投诉电话：10086

2015 年 12 月 10 日

用户名称	宏达机械厂		
移动代码	A5510025787	方式	现付
合计金额	人民币（大写）壹仟贰佰元整		¥ 1200.00
费用项目	金额		
网络使用费	1200.00		

结算时间为 2015 年 11 月 1 日至 2015 年 11 月 30 日

收款单位（盖章有效）合肥有线电视宽带网络有限公司 现金收讫　　　　收款人：003

（26）现金购买办公用品。

安徽省合肥市商业零售发票

发　票　联

客户名称：宏达机械厂　　　　2015 年 12 月 11 日　　　　发票号码：1230456

货　号	品　名	单　位	数　量	单　价	金　额						
					万	千	百	十	元	角	分
	打印纸	包	20	30.00			6	0	0	0	0
	笔	支	40	5.00			2	0	0	0	0
	文件夹	个	20	10.00			2	0	0	0	0
合计人民币（大写）	壹仟元整				¥	1	0	0	0	0	0

开票人：（章）　　　　收款人：（章）程京

（27）支付货车养路费。

27-1

公路养路费缴讫证

2015 年 12 月 11 日

编号：			
车主名称	宏达机械厂	费别	金额（元）
车类	货车	养路费	2000.00
车牌号	皖 AF1996　皖 AH1306	滞纳金	
合计金额（大写）贰仟元整			
有效期	2015.12.1～2015.12.31		
签发单位	（章）	经办人	（章）

27-2

中国工商银行

转账支票存根（皖）

Ⅶ Ⅵ00607938

科　　目 ________________

对方科目 ________________

出票日期 2015 年 12 月 11 日

收款人：合肥市养路费收费中心
金额：￥2000.00
用途：养路费

单位主管　　　　会计

27-3

中国工商银行进账单（受理证明）

2015 年 12 月 11 日

出票人	全　称	宏达机械厂	收款人	全　称	合肥市养路费收费中心
	账　号	234568912		账　号	30980234
	开户银行	工行宿州路支行		开户银行	建行青溪路支行

人民币（大写）贰仟元整	亿	千	百	十	万	千	百	十	元	角	分
					¥	2	0	0	0	0	0

票据种类	转账支票
票据张数	1 张

单位主管：　　会计：

复核：　　记账：

工商银行宿州路支行 2015.12.11 转讫　　收款人开户银行盖章

（此联是银行交给付款人的付款通知）

（28）本月 8 日购入材料验收入库。

收　料　单

发票号数 No.597012　　2015 年 12 月 11 日　　编号：20091201006

名称及规格	单　位	数　量	单　价	金　额
原材料——A 材料	千克	15 000	10.00	150 000.00
合　计	千克	15 000	10.00	150 000.00

交财务部门记账

财务主管：　　记账：　　保管部门主管：　　验收：董青青　　制单：

（29）销售商品，款未收。

1243548922　　**安徽省增值税专用发票**　　№ 03893340

全国统一发票监制章 安徽 国家税务总局监制

记账联

开票日期：2015年12月12日

购货单位	名　称：上海华联超市 纳税人识别号：2201093599070 地址、电话：安庆路82号 2617890 开户行及账号：工行安庆路支行 8087409345			密码区	略		
货物或应税劳务名称	规格型号	单位	数量	单价	金额	税率	税额
甲产品		台	200	500.00	100000.00	17%	17000.00
合　计					¥100000.00		¥17000.00
价税合计（大写）	壹拾壹万柒仟元整				（小写）¥117000.00		
销货单位	名　称：宏达机械厂 纳税人识别号：510103336512488 地址、电话：蒙城北路122号 0551-2612718 开户行及账号：工行宿州路支行 234568912			备注			

收款人：刘水　　复核：　　开票人：张晗　　销货单位：（章）

宏达机械厂 510103336512488 发票专用章

税总函［2015］7号中钞光华印制有限公司

第四联：记账联　售货方记账凭证

（30）支付购材料款。

30-1

中国工商银行
转账支票存根（皖）
Ⅶ Ⅵ00607936

科　　目＿＿＿＿＿＿＿＿
对方科目＿＿＿＿＿＿＿＿
出票日期 2015 年 12 月 12 日

收款人：惠民机械公司
金额：￥351000.00
用途：付购料款

单位主管　　　　　会计

（印章：宏达机械厂 财务专用章）

30-2

中国工商银行进账单（受理证明）

2015 年 12 月 12 日

出票人	全　称	宏达机械厂	收款人	全　称	惠民机械公司										
	账　号	234568912		账　号	45386236										
	开户银行	工行宿州路支行		开户银行	工行安庆路支行										
人民币（大写）叁拾伍万壹仟元整					亿	千	百	十	万	千	百	十	元	角	分
							￥	3	5	1	0	0	0	0	0
票据种类		转账支票													
票据张数		1 张													
单位主管：　会计： 复核：　记账：			收款人开户银行盖章												

（印章：工商银行宿州路支行 2015.12.12 转讫）

（此联是银行交给付款人的付款通知）

（31）支付职工医药费。

医院门诊医药费收据

2015 年 12 月 12 日

姓名：张敏	
项　目	金　额
西药费	500.00
中成药	
中草药	
注射费	20.00
检查费	200.00
CT	
超声胃镜	
治疗材料	
放射费	
手术费	
化验费	
其他费用	30.00
合计	750.00
（大写）	柒佰伍拾元整

报销凭证

（印章：合肥市第一人民医院 收费专用章）

收费人：

（同意报销 现金付讫）

（32）接受设备投资。

32-1

宏达机械厂

固定资产投资交接单

2015 年 12 月 12 日

投出单位：光明机械厂

接受单位：宏达机械厂

转移原因	投资				评估公允价值	1200000.00			
名称	型号	单位	数量	使用年限	已用年限	原值	已提折旧	已提减值	账面价值
F 设备		台	2	15	5	2200000.00	500000.00	20000.00	1680000.00
投出单位	光明机械厂				接受单位	宏达机械厂			
投出单位（公章）					接受单位（公章）				

32-2

宏达机械厂

投资协议书

现有投资方光明机械厂以两台 F 设备进行投资，合同约定公允价值为壹佰贰拾万元整（合同号为 200034809），占宏达机械厂注册资本份额的 12%，接受投资后宏达机械厂注册资本为 1000 万元。

投资方：（公章）　　　　受资方：（公章）

2015 年 12 月 13 日　　　　2015 年 12 月 13 日

此协议一式三份，由投资各方和公证部门留存。

（33）销售乙产品，款未收。

1243548922　　**安徽省增值税专用发票**　　№ 03893380

记账联

开票日期：2015年12月13日

税总函[2015]7号中钞光华印制有限公司

购货单位	名　　称：安徽工贸公司 纳税人识别号：4301093599090 地 址 、电 话：桐城75号 3617895 开户行及账号：工行桐城路支行 907469348					密码区	略	
货物或应税劳务名称	规格型号	单位	数量	单价	金额	税率	税额	
乙产品		台	300	300.00	90000.00	17%	15300.00	
合　　计					¥90000.00		¥15300.00	
价税合计（大写）	壹拾万零伍仟叁佰元整				（小写）¥105300.00			
销货单位	名　　称：宏达机械厂 纳税人识别号：510103336512488 地 址 、电 话：蒙城北路122号 0551-2612718 开户行及账号：工行宿州路支行 234568912					备注		

收款人：刘水　　复核：　　开票人：张昭　　销货单位：（章）

第四联：记账联　售货方记账凭证

（34）转账支付购买支票款。

中国工商银行收费凭条

2015 年 12 月 13 日

付款人名称	宏达机械厂		付款人账号	234568912									上述款项请从我账户中支付
服务项目（凭证种类）	数量	工本费	手续费	小计									
				百	十	万	千	百	十	元	角	分	
现金支票	5	20.00						1	0	0	0	0	
转账支票	5	20.00						1	0	0	0	0	
合计							¥	2	0	0	0	0	
币种（大写）人民币贰佰元整													
以下在购买凭证时填写													
领购人姓名			领购人证件类型	身份证									
			领购人证件号码	340301198408031000									

工商银行宿州路支行 2015.12.13 转讫

记账联附件

（35）归还短期借款本息。

中国工商银行特种转账借方传票

2015 年 12 月 15 日

付款单位	全称	宏达机械厂	收款单位	全称	工行宿州路支行								
	账号	234568912		账号	6756790-35								
	开户行	工行宿州路支行		开户行	工行计算中心								
金额	人民币（大写）	伍拾万零肆仟元整			百	十	万	千	百	十	元	角	分
					¥	5	0	4	0	0	0	0	0
转账原因	支付短期借款本息 其中本金：500000 元，本月应负担利息 4000 元	科目（借） 对方科目（贷） 会计：　复核：　记账：　制票：											

工商银行宿州路支行 2015.12.15 转讫

（36）销售商品，收到商业汇票。

36-1

1243548922　　**安徽省增值税专用发票**　　№ 03893380

记账联

开票日期：2015年12月15日

购货单位	名称：淮南工贸公司 纳税人识别号：5301093588096 地址、电话：希望东路75号 3667896 开户行及账号：工行希望路分理处 805669356				密码区	略	
货物或应税劳务名称	规格型号	单位	数量	单价	金额	税率	税额
乙产品		台	500	300.00	150000.00	17%	25500.00
合　计					¥150000.00		¥25500.00
价税合计（大写）	壹拾柒万伍仟伍佰元整				（小写）¥175500.00		
销货单位	名称：宏达机械厂 纳税人识别号：510103336512488 地址、电话：蒙城北路122号 0551-2612718 开户行及账号：工行宿州路支行 234568912				备注		

收款人：刘水　　复核：　　开票人：张晗　　销货单位：（章）

第四联：记账联 售货方记账凭证

税总函［2015］7号中钞光华印制有限公司

36-2

商业承兑汇票（卡片）　1

出票日期：　贰零壹伍年壹拾贰月壹拾伍日　　汇票号码　　（大写）

出票人	全称	淮南工贸公司	收款人	全称	宏达机械厂		
	账号	805669356		账号	234568912		
	开户银行	工行希望路分理处		开户银行	工行宿州路支行	行号	
出票金额	人民币（大写）壹拾柒万伍仟伍佰元整						
汇票到期日	2016年3月15日		承兑协议号				
交易合同号码			地址				
	出票人签章		备注：				

千	百	十	万	千	百	十	元	角	元
	¥	1	7	5	5	0	0	0	0

印章：淮南工贸公司 财务专用章；宏达机械厂 510103336512488 发票专用章；工商银行宿州路支行 2015.12.15 转讫

此联承兑人存查

（37）预收销货款。

中国工商银行　进账单（回单）　1

2015 年 12 月 15 日

<table>
<tr><td rowspan="3">收款人</td><td>全　称</td><td>宏达机械厂</td><td rowspan="3">付款人</td><td>全　称</td><td colspan="11">安徽家乐福</td></tr>
<tr><td>账　号</td><td>234568912</td><td>账　号</td><td colspan="11">314567990</td></tr>
<tr><td>开户银行</td><td>工行宿州路支行</td><td>开户银行</td><td colspan="11">建行舒城路分理处</td></tr>
<tr><td rowspan="2">金额</td><td colspan="4" rowspan="2">人民币
（大写）壹拾万元整</td><td>亿</td><td>千</td><td>百</td><td>十</td><td>万</td><td>千</td><td>百</td><td>十</td><td>元</td><td>角</td><td>分</td></tr>
<tr><td></td><td></td><td>¥</td><td>1</td><td>0</td><td>0</td><td>0</td><td>0</td><td>0</td><td>0</td><td>0</td></tr>
<tr><td colspan="2">票据种类</td><td>转账支票</td><td colspan="13" rowspan="3">工商银行宿州路支行
2015.12.15
转讫
开户银行盖章</td></tr>
<tr><td colspan="2">票据张数</td><td>1 张</td></tr>
<tr><td colspan="3">预收销货款
复核　　　　记账</td></tr>
</table>

此联是开户银行交给持（出）票人的回单

（38）支付保险费。

全国统一发票监制章 安徽省国家税务局

保险中介服务统一发票

INSURANCE INTERMEDIATE SERVICE TRADE INVOICE

发票联

INVOICE

开票日期：2015 年 12 月 15 日

Date of Isue

发票代码 330000620112

皖地税（30111）　Invoice Code

发票代码　00033650

Invoice Number

付款人名称：宏达机械厂 Name of Payer	
付款事由：保险费 Cause of Payment（Item of Intermediate Service）	
付款金额（大写）：伍佰元整 Amount of Payment（In words）	（小写）：500.00 （IN Figures）
附注： Notes	

开票单位：（签章）　Stamped by Isster：　　经手人：　Handler：　　纳税人识别号：　Taxpayer Identification Number：

地址：　Add：　　电话：　Tel：　　复核人：　Checked by：

康泰保险公司　现金收讫

（39）分配本月工资。

宏达机械厂

薪酬费用分配表

2015 年 12 月 15 日

应借科目			直接计入	分配计入			合计
				工时	分配率	分配金额	
生产成本	一车间	甲产品		6 000	0.6	49 200	49 200
		乙产品		4 000	0.4	32 800	32 800
	二车间	甲产品		15 000	0.75	49 500	49 500
		乙产品		5 000	0.25	16 500	16 500
	三车间	甲产品		500	0.5	12 000	12 000
		乙产品		500	0.5	12 000	12 000
辅助生产成本	机修车间		8 600				8 600
	运输车间		5 800				5 800
制造费用	一车间		28 000				28 000
	二车间		34 000				34 000
	三车间		5 600				5 600
管理费用			46 000				46 000
合　计			128 000			172 000	300 000

（40）发放本月工资。

40-1

中国工商银行

转账支票存根（皖）

Ⅶ Ⅵ00607936

科　　目 ____________________

对方科目 ____________________

出票日期 2015 年 12 月 15 日

收款人：宏达机械厂工资户
金额：￥243000.00
用途：付 12 月工资款

单位主管　　　　会计

40-2

中国工商银行进账单（受理证明）

2015 年 12 月 15 日

出票人	全　称	宏达机械厂	收款人	全　称	宏达机械厂工资户
	账　号	234568912		账　号	906739035
	开户银行	工行宿州路支行		开户银行	工行宿州路支行

人民币（大写）贰拾肆万叁仟元整	亿	千	百	十	万	千	百	十	元	角	分
			¥	2	4	3	0	0	0	0	0

票据种类	转账支票	工商银行宿州路支行 2015.12.15 转讫 开户银行盖章
票据张数	1 张	
单位主管：　会计： 复核：　记账：		

（此联是银行交给付款人的付款通知）

40-3

宏达机械厂

薪酬费用汇总表

2015 年 12 月 15 日

分配对象			应发工资	代扣项目					实发工资
				养老（6%）	医疗（2%）	失业（1%）	住房公积金（10%）	合计（19%）	
基本生产车间	一车间	生产人员	82 000	4 920	1 640	820	8 200	15 580	66 420
		管理人员	28 000	1 680	560	280	2 800	5 320	22 680
	二车间	生产人员	66 000	3 960	1 320	660	6 600	12 540	53 460
		管理人员	34 000	2 040	680	340	3 400	6 460	27 540
	三车间	生产人员	24 000	1 440	480	240	2 400	4 560	19 440
		管理人员	5 600	336	112	56	560	1 064	4 536
辅助生产	机修车间		8 600	516	172	86	860	15 580	6 966
	运输车间		5 800	348	116	58	580	5 320	4 698
管理费用			46 000	2 760	920	460	4 600	12 540	37 260
合　计			300 000	18 000	6 000	3 000	30 000	57 000	243 000

会计：张怡　　复核：王岩　　制单：张怡

（41）支付本月电费。

41-1

银行代收业务专用发票

发 票 联

皖国税（08）印字第 87 号　　　　　　　　　　发票代码 134010962202

付款单位（个人）：宏达机械厂　　　　　　　　发票号码 00993561

开票日期 2015 年 12 月 18 日

委托单位	合肥供电公司	代收费单位	工商银行
户号 5100034567	托收号 5199123580	地址 蒙城北路 122 号	
表资产号 5114910-3344	本月指数 8452	上月指数 4252	
计费电量 4200	电价 0.58	金额 2436	
合计人民币（大写）贰仟肆佰叁拾陆元整	（小写）￥2436.00		

支行号：10223　　柜员号：4484　　中间业务流水号：9551840

41-2

委托收款凭证（付款通知）

委托日期 2015 年 12 月 18 日

付款人	全称	宏达机械厂	收款人	全称	合肥供电公司
	账号或地址	234568912		账号或地址	238790946
	开户行	工行宿州路支行		开户行	工行四牌楼分理处
人民币（大写）：贰仟肆佰叁拾陆元整		（小写）￥2436.00			
结算号		56734609	付款单位注意事项：		
联系电话		0551-5657890			

41-3

电费抄表电量

项目	基本生产车间				辅助生产车间			管理部门	合计
	一车间	二车间	三车间	合计	机修	运输	合计		
度	1 200	1 500	650	3 350	500	50	550	300	4 200

会计：张怡　　　　　　复核：王岩　　　　　　制单：张怡

41-4

电费分配表

分配对象		用电量	单价	金额
制造费用	一车间	1 200	0.58	696
	二车间	1 500		870
	三车间	650		377
	小计	3 350		1 943
辅助生产	机修	500		290
	运输	50		29
	小计	550		319
管理部门		300		174
合计		4 200		2 436

会计：张怡　　　　　　复核：王岩　　　　　　制单：张怡

（42）支付本月水费。

42-1

银行代收业务专用发票

皖国税（08）印字第 87 号　　　　发票代码 134010962202

付款单位（个人）：宏达机械厂　　　　发票号码　00993561

开票日期 2015 年 12 月 19 日

委托单位	合肥自来水公司	代收费单位	工商银行
户号　5102534567	托收号 5199133580	地址　蒙城北路 122 号	
表资产号 6134510-33324	本月指数 8500	上月指数　8000	
计费水量 500	水价 2.10	金额 1050	
合计人民币（大写）壹仟零伍拾元整　（小写）￥1050.00			

支行号：10223　　　　柜员号：4484　　　　中间业务流水号：9551840

42-2

委托收款凭证（付款通知）

委托日期：　2015 年 12 月 19 日

付款人	全称	宏达机械厂	收款人	全称	合肥自来水公司
	账号或地址	234568912		账号或地址	5634098
	开户行	工行宿州路支行		开户行	建行宿松路分理处
人民币（大写）：壹仟零伍拾元整		（小写）1050.00			
结算号		转　65548990	付款单位注意事项：		
联系电话		讫　0551-3660166			

42-3

水费抄表水量

项目	基本生产车间				辅助生产车间			管理部门	合计
	一车间	二车间	三车间	合计	机修	运输	合计		
吨	150	180	70	400	70	10	80	20	500

会计：张怡　　　　复核：王岩　　　　制单：张怡

42-4

水费分配表

分配对象		用　水　量	单　　价	金　　额
制造费用	一车间	150	2.10	315
	二车间	180		378
	三车间	70		147
	小计	400		840
辅助生产	机修	70		42
	运输	10		21
	小计	80		168
管理部门		20		42
合　　计		500		1 050

会计：张怡　　　　复核：王岩　　　　制单：张怡

（43）支付希望工程捐款。

43-1

中国工商银行　电汇凭证（回单）　1

□普通　□加急　　　　委托日期：2015 年 12 月 20 日

汇款人	全 称	宏达机械厂	收款人	全 称	安徽省红十字会
	账 号	234568912		账 号	800897258
	汇出地点	安徽省 合肥　市/县		汇入地点	安徽省 合肥　市/县
汇出行名称		工行宿州路支行	汇入行名称		工行清溪路分行

金额	亿	千	百	十	万	千	百	十	元	角	分
人民币（大写）壹拾万元整			¥	1	0	0	0	0	0	0	0

工商银行宿州路支行 2015.12.20 转讫	支付密码	
汇出行签章	附加信息及用途：希望工程捐款 复核　　记账	

此联汇出行给汇款人的回单

43-2

安徽行政事业性统一收据

2015 年 12 月 20 日

缴款单位：宏达机械厂
金　额：人民币壹拾万元整　¥ 100000.00
事　由：捐赠款

安徽省红十字会财务专用章

收款单位（盖章有效）

记账联

（44）收到销货款。

中国工商银行　进账单（回单）　1

2015 年 12 月 22 日

收款人	全　称	宏达机械厂	付款人	全　称	上海华联超市
	账　号	234568912		账　号	2201093599070
	开户银行	工行宿州路支行		开户银行	安庆路 82 号　2617890

金额	亿	千	百	十	万	千	百	十	元	角	分
人民币（大写）壹拾壹万柒仟元整			¥	1	1	7	0	0	0	0	0

票据种类		工商银行宿州路支行 2015.12.22 转讫
票据张数		
预收销货款 复核　　记账		开户银行盖章

此联是开户银行交给持（出）票人的回单

（45）支付报刊费。

45-1

中国工商银行

转账支票存根（皖）

Ⅶ Ⅵ00607938

科　　目 ____________

对方科目 ____________

出票日期 2015 年 12 月 23 日

收款人：合肥市邮政局
金额：￥3600.00
用途：订报费

单位主管　　　　会计

45-2

中国工商银行进账单（受理证明）

2015 年 12 月 23 日

出票人	全称	宏达机械厂	收款人	全　称	合肥市邮政局										
	账号	234568912		账号	6458623085										
	开户银行	工行宿州路支行		开户银行	工行淮河路分理处										
人民币（大写）叁仟陆佰元整				亿	千	百	十	万	千	百	十	元	角	分	
								￥	3	6	0	0	0	0	
票据种类		转账支票													
票据张数		1 张													
单位主管：		会计：													
复核：		记账：		开户银行盖章											

此联是银行交给付款人的付款通知

45-3

中国人民邮政报刊收据

单位：宏达机械厂　　　　2015 年 12 月 23 日　　　　No.66328

报刊种类	附件（订阅单）		金额								
	起止期	份数	百	十	万	千	百	十	元	角	分
参考消息等	2016.1～2016.12				￥	3	6	0	0	0	0
合计（大写）叁仟陆佰元整			￥3600.00								

注：收据数字如有涂改或未盖收款章无效　　　　经手：李新

（46）付个人借款。

借　　据

2015 年 12 月 23 日

借款人	王欢	借款原因	差旅费
借款金额（大写）人民币壹仟陆佰元整		¥ 1600.00	
还款计划			
领导批示	虞晓平 2015.12.2 虞晓平	借款人签字 王　欢	张蕾

主管：　　　经手：　　　财会：

（47）车间工作人员报销差旅费。

宏达机械厂差旅费报销单

2015 年 12 月 23 日

报销部门	一车间	报销人	王欢	预借金额	1600.00	报销金额							
						十	万	千	百	十	元	角	分
出差事由	开会						¥	1	6	0	0	0	0
报销金额	（大写）壹仟陆佰元整						¥	1	6	0	0	0	0
住宿费	车船费	交通费		伙食费	杂费	报销人签名							
1200.00	200.00	50.00		100.00	50.00	王　欢							
经理审批		部门负责人审批		财务负责人审批		审核人							
虞晓平 虞晓平													

财务凭证

（48）销售不需用材料，款已收。

48-1

安徽省增值税专用发票

1243548922　　　　记账联　　　　№ 03893380

开票日期：2015年12月24日

购货单位	名　　称：安徽工贸公司 纳税人识别号：4301093599090 地 址、电 话：桐城75号 3617895 开户行及账号：工行桐城路支行907469348	密码区					
货物或应税劳务名称	规格型号	单位	数量	单价	金额	税率	税额
A材料		千克	8000	8.00	64000.00	17%	10880.00
合　计					¥64000.00		¥10880.00
价税合计（大写）	柒万肆仟捌佰捌拾元整				（小写）¥74880.00		
销货单位	名　　称：宏达机械厂 纳税人识别号：510103336512488 地 址、电 话：蒙城北路122号 0551-2612718 开户行及账号：工行宿州路支行 234568912	备注					

收款人：刘水　　复核：　　开票人：张昭　　销货单位：（章）

税总函〔2015〕7号中钞光华印制有限公司

第四联：记账联　销货方记账凭证

（印章：全国统一发票监制章 安徽 国家税务局监制；宏达机械厂 510103336512488 发票专用章）

48-2

中国工商银行 进账单（回单） 1

2015 年 12 月 24 日

收款人	全称	宏达机械厂	付款人	全称	安徽工贸公司
	账号	234568912		账号	907469348
	开户银行	工行宿州路支行		开户银行	工行桐城路支行

金额	人民币（大写）柒万肆仟捌佰捌拾元整	亿	千	百	十	万	千	百	十	元	角	分
					¥	7	4	8	8	0	0	0

票据种类	转账支票
票据张数	1 张

复核　　记账　　开户银行盖章

工商银行宿州路支行 2015.12.24 转讫

此联是开户银行交给持（出）票人的回单

（49）根据材料发出汇总表编制材料领用的分录。

材料发出汇总表

2015 年 12 月 30 日

用途 \ 类别	A 材料		B 材料		C 材料		合计
	数量	金额	数量	金额	数量	金额	
甲产品	40 000	400 000	37 000	185 000	36 000	108 000	693 000
乙产品	27 000	270 000	32 000	160 000	34 000	102 000	532 000
一车间	6 000	60 000	8 000	40 000	5 000	15 000	115 000
二车间	10 000	100 000	8 000	40 000	10 000	30 000	170 000
三车间	8 000	80 000	7 000	35 000	9 000	27 000	142 000
机修车间	5 000	50 000	3 000	15 000	2 000	6 000	71 000
运输车间	2 000	20 000	1 000	5 000	1 000	3 000	28 000
销售材料	8 000	80 000					80 000
合计	106 000	1 060 000	96 000	480 000	97 000	291 000	1 831 000

宏达机械厂 财务专用章

会计：张怡　　复核：王岩　　制单：张怡

（50）计提本月固定资产折旧费。

宏达机械厂

固定资产折旧计算表

项目			月初应计提折旧的固定资产原价	月折旧率 0.2%	月折旧额
制造费用	一车间	房屋及建筑物	9 000 000		18 000
		机器设备	8 000 000		16 000
		其他	4 000 000		8 000
		小计	21 000 000		42 000

续表

项目			月初应计提折旧的固定资产原价	月折旧率 0.2%	月折旧额
制造费用	二车间	房屋及建筑物	10 000 000		20 000
		机器设备	7 500 000		15 000
		其他	2 000 000		4 000
		小计	19 500 000		39 000
	三车间	房屋及建筑物	7 000 000		14 000
		机器设备	8 500 000		17 000
		其他	1 000 000		2 000
		小计	16 500 000		33 000
辅助生产成本	机修车间	房屋及建筑物	5 000 000		10 000
		机器设备	6 000 000		12 000
		其他			
		小计	11 000 000		22 000
	运输车间	房屋及建筑物	2 000 000		4 000
		机器设备	8 000 000		16 000
		其他	1 000 000		2 000
		小计	11 000 000		22 000
管理费用		房屋及建筑物	10 000 000		20 000
		机器设备	2 000 000		4 000
		其他	4 000 000		8 000
		小计	16 000 000		32 000
合　计			95 000 000		190 000

会计：张怡　　　　复核：王岩　　　　制单：张怡

（51）计提借款利息。

宏达机械厂

利息费用分配表

借款种类	用　途	金　额
长期借款	基建借款	6 500.00
短期借款	流动资金借款	1 000.00
合　计		7 500.00

宏达机械厂 财务专用章

会计：张怡　　　　复核：王岩　　　　制单：张怡

（52）分配辅助生产费用。

辅助生产费用分配表

2015 年 12 月 30 日

应借科目		机修车间	运输车间	合计
		分配金额	分配金额	
生产成本	甲产品	35 000	14 500	49 500
	乙产品	28 800	13 800	42 600
制造费用	一车间	12 500	8 750	21 250
	二车间	8 870	6 650	15 520
	三车间	13 600	7 600	21 200
管理费用		3 267	4 550	7 817
合　计		102 037	55 850	157 887

会计：张怡　　　　复核：王岩　　　　制单：张怡

（53）分配制造费用。

宏达机械厂

制造费用分配表

2015 年 12 月 30 日

应借科目	一车间	二车间	三车间	合计
	金额	金额	金额	
甲产品	104 660	146 780	102 000	353 440
乙产品	104 201	112 988	100 324	317 513
合　计	208 861	259 768	202 324	670 953

会计：张怡　　　　复核：王岩　　　　制单：张怡

（54）产品完工入库。

宏达机械厂

产品入库单

交库车间：三车间　　　　2015 年 12 月 30 日

产品名称	规格	单位	送检数量	金额	检验情况		实收数量	金额
					合格	不合格		
甲产品		台	3 800	1 206 640	3 800		3 800	1 206 640
乙产品		台	5 300	953 413	5 300		5 300	953 413
备注								

保管：　　　　检验员：　　　　车间负责人：　　　　制单：

（55）结转本月已销商品成本。

宏达机械厂

本期已销商品成本计算表

2015 年 12 月30 日

商 品 名 称	销 售 数 量	单 位 成 本	销 售 成 本
甲产品	3 200	317.54	1 016 128
乙产品	800	179.89	143 912
合 计			1 160 040

会计：张怡　　　　复核：王岩　　　　制单：张怡

（56）计算所得税费用。

宏达机械厂

所得税费用计算表

税款所属期间：2015 年 1 月 1 日至 2015 年 12 月 31 日

纳税人识别号：23087050334817　　　　金额单位：元

纳税人名称：宏达机械厂				
	行次	项目	金额	
			当月数	全年数
收入总额	1	营业收入	1 904 000	
	2	投资收益		
	3	补贴收入		
	4	其他收入		
	5	收入合计	1 904 000	
扣除项目	6	营业成本	1 240 040	
	7	营业税金及附加		
	8	期间费用	133 933	
	9	其他扣除项目	101 800	
	10	扣除项目合计	1 475 773	
应纳税所得额的计算	11	纳税调整前所得	428 227	
	12	加：纳税调整增加额	101 800	
	13	减：纳税调整减少额		
	14	应纳税所得额	530 027	
应纳所得税额	15	适用税率	25%	
	16	应纳所得税额	132 506.75	
纳税人声明：此表是根据中华人民共和国企业所得税暂行条例及其实施细则和国家有关税收规定填报，是真实、完整的。 法定代表人（签字）　　年　月　日				
纳税人公章： 经办人： 申报日期： 年　月　日	代理申报机构公章： 经办人执业证件号码： 代理申报日期： 年　月　日		主管税务机关受理专用章： 受理人： 受理日期： 年　月　日	

（57）结转损益类科目。

宏达机械厂

损益类发生额汇总表

2015 年 12 月 30 日

账户名称	借方发生额	贷方发生额
主营业务收入		1 840 000
其他业务收入		64 000
投资收益		
营业外收入		
主营业务成本	1 160 040	
其他业务成本	80 000	
营业税金及附加		
资产减值损失		
管理费用	101 733	
销售费用	27 000	
财务费用	5 200	
营业外支出	101 800	
所得税费用	132 506.75	
合计	1 608 279.75	1 904 000

会计：张怡　　复核：王岩　　制单：张怡

（58）结转本年利润。

（59）利润分配。

宏达机械厂

利润分配表

2015 年 12 月 31 日

分 配 项 目	分 配 比 率	金　额
利润总额		428 227
应交所得税费用		132 506.75
净利润		295 720.25
提取法定盈余公积金	10%	29 572
提取任意盈余公积金	10%	29 572
分配股利	30%	88 716
未分配利润		147 860.25

会计：张怡　　复核：王岩　　制单：张怡

参考文献

[1] 财政部. 企业会计准则（2006）. 北京：经济科学出版社，2006.

[2] 财政部. 企业会计准则——应用指南（2006）. 北京：中国财政经济出版社，2006.

[3] 财政部会计司编写组. 企业会计准则讲解（2008）. 北京：人民出版社，2008.

[4] 会计从业资格考试辅导教材编写组. 会计基础（第3版）. 北京：中国财政经济出版社，2008.

[5] 金跃武. 基础会计（第2版）. 北京：高等教育出版社，2006.

[6] 王炜，金跃武，王辉. 基础会计学习指导、习题与实训（第2版）. 北京：高等教育出版社，2006.

[7] 黄明，郭大伟. 企业会计模拟实训教程（第2版）. 大连：东北财经大学出版社，2008.